致

吾母

吳賈冬香女士

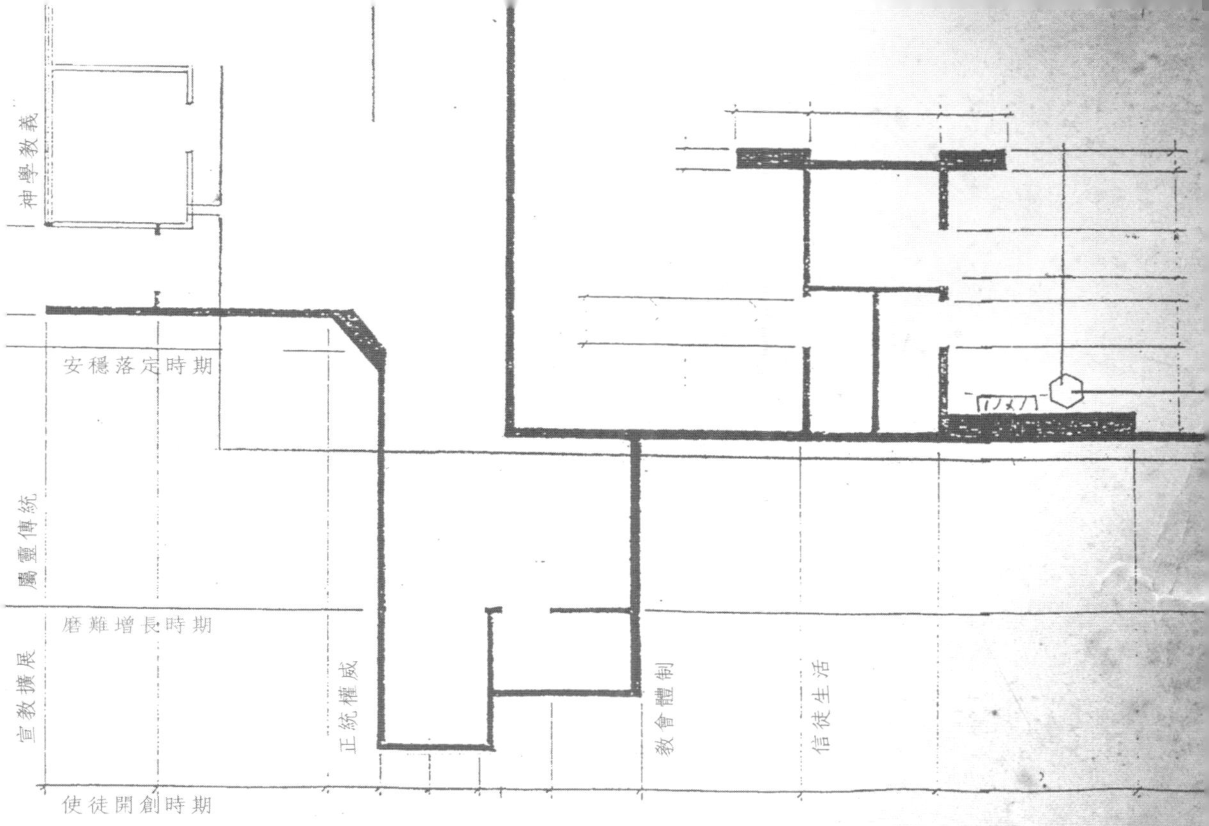

神學教義
安穩落定時期
屬靈傳統
磨難增長時期
宣教擴展
正統權威
教會體制
信徒生活
使徒開創時期

神學及歷史通識叢書

奠基立柱

初期教會縱橫談

吳國傑◎著

增訂版

▼

神學及歷史通識叢書

奠基立柱

初期教會縱橫談（增訂版）

Establishing the Church

Key Developments of the Early Church (Enlarged Edition)

作者
吳國傑 Ng, Nathan K.K.

審閱
蔡錦圖

執行編輯
李慧儀、吳國雄

封面設計
莫可雅

■

出版／發行
基道出版社
香港沙田火炭坳背灣街 26 號富騰工業中心 1011 室
LOGOS PUBLISHERS
Unit 1011, Fo Tan Ind. Centre, 26 Au Pui Wan St., Shatin, Hong Kong
電話：(852) 2687-0331　傳真：(852) 2687-0281
網址：http://www.logos.com.hk

承印
陽光印刷製本廠

●

8/2006 初版　8/2015 增訂版
Cat. No. LP232-2
ISBN-10: 962-457-313-1
ISBN-13: 978-962-457-313-8

刷次	10	9	8	7	6	5	4	3	2	1
年份	2024	2023	2022	2021	2020	2019	2018	2017	2016	2015

序言

「神學及歷史通識叢書」可說是首個分有多冊，略具規模，完全由華人學者合作編寫的寫作企劃。《奠基立柱——初期教會縱橫談》是這叢書的第一單元，介紹緊接主耶穌復活升天的初期教會之歷史發展，解釋其對後世的影響，及與現代基督宗教的關係。

本書分3部分，共10章。第一部分是基本概念的介紹，簡單闡述研讀教會歷史的價值，介紹進行教會歷史探索的基要工具和資源，並宏觀講論過去二千年基督教的發展。「神學及歷史通識叢書」乃為沒有受過神學訓練但熱心追求的基督徒而設，因此本書加設這部分的基礎導引，幫助從未接觸過教會歷史的讀者，獲取必要的知識，藉此能更有效掌握書中其餘部分的內容。

牽涉初期教會歷史的課題相當繁多，相關的研究非常豐富，而討論也有許多不同角度。這裏第二部分嘗試以傳統方式，將初期教會歷史按時序再細分成3個階段，逐一巡覽其特有處境和內外需要，從而點出此時期基督教會的主要發展。閱畢這部分3章內文，讀者應能對初期教會的歷史脈絡有宏觀性的初步認識。沒有時間或不欲進深的肢體，可由此跳往隨後中世紀歷史的研讀。

本書第三部分共有6章，各有不同主題。這些主題全是學者研究初期教會所重視，為整全認識早期基督教發展所必須，每個主題均對後世有深遠影響。筆者在此部分會就這些主題的時代背景、產生經過和歷史發展，作較詳盡的講解。內文且會經常提及其對現代教會的意義，讓讀者更親切體會自身信仰的源流和特色。雖然這些主題在歷史上彼此關連，但各章內容亦相當獨立，讀者可按興趣和需要自由跳讀。

本書內文穿插著不同的詞語解釋和補充資料，以 ℹ 符號代表，方便讀者掌握。第一部分加有多個生活反省，以 ❓ 代表，讓讀者進深思考研讀歷史的意義。此外第二、三部分亦會間常附載相關原典文獻的節錄，以楷體標示，好讓讀者更親切體會相關的歷史人物和事件。各章末段均有多條溫習及反省問題，讓讀者檢視自己對課文的理解，並作出個人信仰上的反思。為幫助有志者進深研究，本書同時附有精選的進深閱讀書目，中、英文材料兼備，適合不同專長和程度的讀者。

在華人教會普遍尚未意識到歷史傳統研究之重要價值的情況下，筆者要對基道出版社能有此遠見，籌劃這套叢書的出版而表示欣賞。同時亦要多謝其邀請，使本書得以面世。此外，吳某亦要多謝香港浸信會神學院給予半載安息年假，讓我專心寫作；多謝太太李彩裳時刻的支持和鼓勵，照顧起居飲食；更感謝神賜我異象和能力，委身教會歷史的研究。願這書能成為華人教會的祝福，誘發主內肢體認真面對本身的宗教傳統和歷史，更有根有基地在信仰裏成長。

最後，筆者希望將本書獻給吾母吳賈冬香女士，感謝她多年來的養育、照顧和關懷，使我能長大成人，得完成多年學業，如今可在教會歷史的學術研究上事奉恩主，服務教會。家母年事已高，願神助她在主裏喜樂渡日，有健康愉快的晚年。

吳國傑
香港浸信會神學院
2005年11月

增訂版序

自2006年初版面世，《奠基立柱——初期教會縱橫談》(*Establishing the Church*) 面世至今已有9年。此後與出版社代表交流，協議於後續的同系列書冊中將內容稍為擴充，並加插現代的反省與回應。按此設計，接續的《築樓蓋頂——中世紀教會縱橫談》(*Constructing the Church*) 於2011年出版，全書厚逾300頁；書中序言表明，他日《奠基立柱》再版時，也會作出同類內容上的擴充和增埔。

如今《奠基立柱》出版增訂版，就得兑現當年的承諾。然而，今年初再與出版社商談時，礙於種種客觀因素，最後達成了新的協議：除修訂初稿一些資料上或編輯上的錯漏外，各章內容不作改動或擴充，而只在原來初版後加入「現代反省與回應」部分。筆者明白重新排版確實耗費不輕，也認同現在的處理方法更能有效運用資源，惟讀者閱讀時，就得緊記「現代反省與回應」部分各短文，實相應接續於各章之後；故建議讀者研讀時，讀畢每章後就立即跳去閱讀相關的反省短文，如此會有較連貫的體會。

筆者計劃編寫整系列教會歷史巡覽，惟由於教學與事奉繁忙，相隔數年才能出版一冊。繼《奠基立柱》和《築樓蓋頂》後，筆者希望在未來數年，盡快完成同系列的《拆壁重修——宗教改革縱橫談》(*Rebuilding the Church*) 和《覓地擴建——現代教會縱橫談》(*Expanding the Church*)，好讓讀者對二千年的教會歷史有較整全的認識。此兩冊書編寫時，會參照本增訂版的篇幅和取向，繼續採用深入淺出的形式來表達。

在此感謝基道出版社協助處理編輯、校對和出版等事宜，感謝香港浸信會神學院提供美好的研寫環境，感謝家人對筆者寫作事奉的支持和體諒，也感謝神給予我機會和能力進行教會歷史的研究。願此書能成為華人教會的祝福！

吳國傑

香港浸信會神學院

2015年5月

目錄

第一部分　基本概念簡介

第一部分

第一部分

在閱讀本書以前，讀者請先來檢視自己對基督教歷史的認識。以下有10條問題，請按自己現有的認識，用不多於10分鐘時間回答：

問題	答案
1. 請由先至後，列出下列聖經人物的時間次序： A. 保羅　B. 亞當　C. 以撒　D. 以利沙 a. A>B>C>D　b. B>C>D>A　c. C>D>A>B　d. D>A>B>C	
2. 請由先至後，列出下列歷史人物的時間次序： A. 馬丁路德　B. 威廉克理　C. 亞他拿修　D. 法蘭西斯 a. A>B>C>D　b. B>C>D>A　c. C>D>A>B　d. D>A>B>C	
3. 以下哪位聖經人物，殉道時是被人用石頭打死的呢？ a. 雅各　b. 司提反　c. 保羅　d. 施洗約翰	
4. 以下哪位歷史人物，殉道時是被人用火燒死的呢？ a. 伊格那丢　b. 革利免　c. 坡旅甲　d. 慈運理	
5. 記載初期教會源起的名著《使徒行傳》共有多少章？ a. 18章　b. 28章　c. 38章　d. 48章	
6. 記載修道運動源起的名著《安東尼傳》共有多少章？ a. 74章　b. 84章　c. 94章　d. 104章	
7. 以下哪卷聖經不屬於保羅書信？ a. 羅馬書　b. 希伯來書　c. 加拉太書　d. 歌羅西書	
8. 以下哪份文獻不屬於使徒教父著作？ a. 黑馬牧人書　b. 革利免二書　c. 使徒憲章　d. 巴拿巴書	
9. 按照聖經記載，以下哪個君王沒有行耶和華眼中看為惡的事？ a. 亞哈　b. 約西亞　c. 瑪拿西　d. 耶羅波安	
10. 按照傳統歷史記載，以下哪個派別不屬於異端？ a. 亞流派　b. 涅斯多留派　c. 諾窪天派　c. 多納徒派	

以上10條問題，單數題目屬聖經範圍，雙數則屬教會歷史，深淺程度相若。單數題目的正確答案是b，雙數題目的答案則是c。請查看自己的答題，比較一下你在聖經題目的得分是否遠比教會歷史題目的得分為高？這是華人教會常見的現象。正因肢體對教會歷史的認識普遍偏低，本書特別在這部分介紹研讀教會歷史的意義，和一些相關的基要概念，以作為讀者日後研習的基礎。

教會歷史導論

「教會歷史」一詞源自希臘文「教會」和「歷史」兩詞的結合，意指歷代基督徒羣體一切往迹往事，及相關史料的研究。因此，其涵蓋範圍與文獻相當廣泛，與現代教會的關係更是千絲萬縷，其影響數之不盡。研讀教會歷史對基督徒來說甚有價值，可以用發掘寶藏來形容這研讀的歷程。本章**1.1.教會歷史的價值**會就此略作解釋，指出教會歷史與我們的密切關係。本章**1.2.研習歷史的方法**，講論教會歷史的主要考據資源和常見研究方法，這些內容雖非教會歷史內容本身，卻為正確和有效理解所必須具備的，是研習前應預先擁有的知識學問。本章**1.3.整體歷史的綱領**描述過去二千年基督教發展的大綱概要，先給一幅宏觀性的圖畫，以便讀者掌握各時代之特色。

> i 「教會」一詞的希臘文是 ἐκκλησία，「歷史」則是 ἱστορία。昔日初期和中世紀教會多以拉丁文*Historia Ecclesiastica*來表述「教會歷史」。

1.1. 教會歷史的價值

若問過往的成長經歷對你有何意義，你會如何回答？我們現有的親情、友情和愛情是過去建立的；所持的經驗、學識和智慧是在成長歷程裏獲取的；內裏的傷痕、痛楚和恥辱，也是舊日足迹留下的。不論是好是壞，我們總不能否定往昔歷史對自身的影響。教會歷史標誌著基督教的成長歷程，沒有當日的榮辱得失，就不會有今天。歸納而言，研讀教會歷史對我們現代基督徒最少有以下幾點特有的價值。

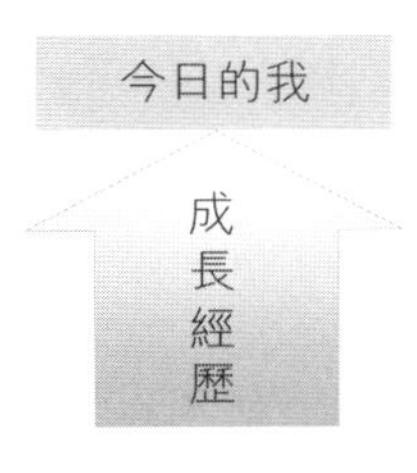

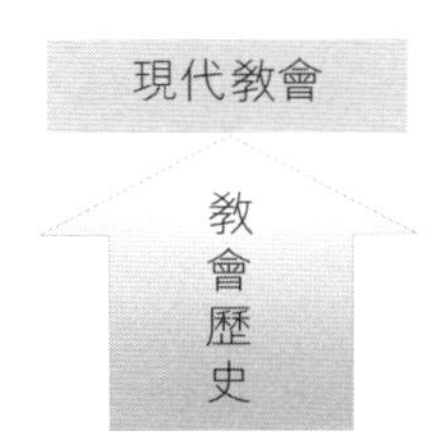

1.1.1. 認識自我

一位你所愛的人，與一位跟你關係疏離的人比較，你會較想認識哪人的過去？基督徒不願花時間精力認識教會歷史，又反映甚麼？

記得筆者當年前赴蘇格蘭愛丁堡深造神學，時近中秋佳節，落機後不久，即獲當地華人肢體款待，看看奉上的食品，竟是他們自製的月餅，確實有點驚訝！長期身處香港，並不覺得那些中國傳統食品有何可貴，有時還嫌老土、肥膩。想不到外國的華人羣體，竟如此「念舊」。人難免有尋根的情懷，自幼被遺棄的孤兒千方百計要尋覓親生父母，離鄉別井的人竭力保留傳統文化。這是由認識自我這份內心渴求所驅使，期盼多點認識自己所屬的羣體與文化。對基督徒來説，要尋找自身羣體的根源，研習教會歷史是不二法門。從這歷史，我們可以得知今日基督教各方面的源流，例如以下各類：

類別	回應問題種類	探討主題例子
整體	基督宗教當年如何產生和發展？為何後來會分裂成今日的天主教、東正教和基督新教？	天主教、東正教、基督新教。
宗派	為何基督教有這麼多不同宗派？其出現或分裂的原因何在？我所屬的宗派又如何產生？	信義會、長老會、聖公會、中華基督教會。
堂會	基督教各教會怎樣成立？他們有何獨特的歷史？彼此關係如何？我的教會又從何而來？	北角宣道會、九龍城浸信會、播道會恩福堂。
組織	基督教內不同的組織和機構，各在甚麼情況之下產生？他們有何功用？與我有甚麼關係？	基督教青年會、基督教協進會、華人基督教聯會。
教義	傳統的教義和信條如何落定？為何各宗派略有不同？我教會所堅持的信仰又怎樣產生？	神論、基督論、創造論、救贖論、教會論、末世論。
禮儀	為何初期教會重視聖禮，現代基督教卻強調聖經宣講？各派對聖禮的相異理解從何而來？	水禮、主餐、宣講、崇拜程序及音樂。
現象	過往有哪些因素造成今日基督宗教的模樣？教會為何有主教制、長老制和會眾制之分？	海外宣教運動、普世合一運動、靈恩運動。

1.1.2. 鑑古知今

早年有套電影《女人四十》，記述一位老人痴呆症患者的可憐境況，他使家人、鄰舍都陷入極大困擾之中。演員喬宏還因此角色於1996年第一屆金紫荊頒獎禮上獲得影帝殊榮。時至今日，老人痴呆症已獲得社會人士廣泛認知，患者會逐漸失去過往記憶，嚴重者甚至會失去照顧自己日常起居的能力。俗語有云「家有一老，如有一寶」，人從成長歷程裏學習，累積經驗愈多，為人處世便愈加成熟、愈有智慧。忘記過往就好比失掉身上寶貴的人生資源，是悲哀，亦令人傷痛！對基督宗教來說，教會歷史就是這指引我們前行的成長經驗，已累積有二千年的智慧，忽略它是何等大的損失！鑑古知今，漠視過往教訓的結果，就要付上沉重代價，重蹈覆轍。教會歷史對今日基督徒來說，最少有以下幾方面提醒：

教會若不認識教會歷史，就等同患有老人痴呆症，失去過往經驗的幫助。今日，你或你的教會有否患有這病症？

歷史導引	現代應用例子
倣效古人的成功	今日不少教會鼓吹小組牧養，事實上早於18世紀約翰・衛斯理（John Wesley，1703～1791）已採用12人一班的方式成功牧會。
避免古人的失敗	初期教會有假師傅為害，教父們為此提出不少判辨原則。若現代信徒受歷史警惕，就能分辨今日自稱是使徒、是先知的人是不是假師傅了。
借用古人的辯道	昔日教會領袖的辯道，如阿奎那（Thomas Aquinas，約1225～1274）有關神存在的五段論證，至今仍是傳道護教的實用工具。
思想古人的倫理	古代先賢早有提出合宜的倫理原則，乃願人人如此實踐。有先賢的原則作為依據，不能延續後代的同性婚姻的對錯就不難判辨。
參考古人的教育	國內信徒人數增長迅速，在牧養及教導人手嚴重不足的情況之下，異端和錯誤教導湧現。宗教改革時期同樣有極大的教育需求，當時的要理問答教導形式，可作為今日的參考。
學習古人的操練	昔日的靈修名著，如依納爵・羅耀拉（Ignatius Loyola，1491～1556）的《神操》（*Spiritual Exercise*），可借用作個人的屬靈操練。
反省古人的體制	中世紀教宗獨攬大權，以致腐敗時沒有人能夠與之抗衡，為此基督新教多採長老制或會眾制，但獨攬大權的情況仍時有出現。

1.1.3. 信仰基礎

1999年香港房屋署爆出「短樁醜聞」，最早被發現有短樁問題的天水圍居屋天頌苑頌波閣和頌河閣慘成「比薩斜塔」，政府需花費巨資補樁；期後再發現的短樁危樓，更有未入伙即需要全面清拆重建的。樓宇必須有穩固的根基，而有關官員卻監管不足，沒有及早細察樁柱建造工程的素質。對現今的基督宗教來說，教會歷史就是承托它的樁柱，有耶穌基督為最底下的基石。可以說沒有二千年的歷史，就沒有今日的教會。基督教信仰裏的核心教義，全都在這歷史裏形成訂立。

當被問及我們所持守的信仰教義從何而來時，你會如何回答？你有否盡責地細察基督信仰的根基，以回應外界的質詢？

當然，神是時間歷史的主宰，基督信仰不會因信徒不認識教會歷史而變為不可信。然而要傳揚真道，當被問及我們所宣講的福音教理有何根據，教會的樁柱是否穩固時，沒有細察的人就只有無言以對。教會歷史是基督教信仰的基礎，可歸納有以下幾方面原因：

信仰基礎	歷史發展
聖經正典	聖經正典並非突然從天而降，雖說現今新教所採用的聖經經目早於四世紀已經出現，但最終還要到16世紀宗教改革才能落定。
聖經權威	聖經雖具有使徒承傳，但其權威卻常被掩蓋，中世紀甚至不許擅譯聖經供平信徒研讀。惟獨聖經的觀念要到宗教改革才獲確立。
聖經解釋	初期教會多採用靈意解經，結果異端頻生；中世紀強調承襲傳統，以教廷為解經權威。以經解經這原則要到宗教改革才被廣泛提倡。
重要教義	現代教會所持守的許多重要信仰教義，如三位一體、基督神人二性、因信稱義等，全都是在歷史裏經過漫長爭議才能獲得廣泛認許的。
普世信經	現時各宗派共同接納的信經，包括《使徒信經》(*Apostles' Creed*) 和《尼西亞信經》(*Nicene Creed*) 等，全是在教會歷史裏制訂的。
宗派信條	個別宗派高舉的信條，如聖公宗《三十九條》(*Thirty-Nine Articles*) 和信義宗《奥斯堡信條》(*Augsburg Confession*)，全是歷史的產物。
傳統習慣	每間教會、每個宗派均有一些無形的權威性傳統習慣，這情況在宗教改革後仍未止息。這些傳統習慣亦是在教會歷史中形成的。

1.1.4. 啟示真神

近年因著一些基督徒傳媒工作者的努力，福音節目終可跨越歐美界限，在香港等華人社區公開播放，這些節目包括《恩雨之聲》、《向生命致敬》和《星火飛騰》等；此外還有一些由真人真事改編的福音電影，如《極度智能》、

《地茂廚神》、《賭神之神》、《生命因愛動聽》和《天作之盒》，部分更有頗佳票房。因著這些影音製作，不少人開始對基督教產生好感，有些更決志信主。為甚麼這些見證能有此感染力？皆因它們真實地見證神的作為。神是歷史的主宰，祂的手一直不停地在地上、在教會工作；祂保守聖經正典的形成，引導正統信仰的落定。正因如此，歷史充滿著祂動工的痕迹，屬神子民的教會歷史更是祂大能的彰顯。從這歷史，我們可看到種種神的作為和屬性：

> ? 當看到一個個真人真事的見證時，你有何感受？你能看到神背後的作為嗎？你自己又有多少經歷神的見證？

神屬性的彰顯	教會歷史事件例證
神的大能	基督教從當初只是依附於猶太羣體的小教派，轉眼變成今日全球最大宗教，信徒人數超過30億，見證神大能的作為。
神的保守	在二千年的歷史裏，基督徒遭遇逼迫無數；許多信徒在危難中得保平安，教會最終安然屹立，見證神合時的保守。
神的賜力	許多本身個性軟弱的人，藉著禱告仰賴神，在挑戰和壓迫裏變得勇敢，在哀傷悲痛中重新振作，這類見證多不勝數。
神的同在	歷代不少屬靈偉人，均能見證神同在那美妙經歷；例如《七寶樓台》(*Interior Castle*)所記載的體會，確實令人嚮往。
神的復興	歷史證明每當教會低落，神都會適時燃起復興火焰，德國敬虔運動、英國循道運動和美國大覺醒，同有類似情況。
神的管教	神一直管教屬祂的子民，舊約以色列人如是，基督教會亦如是，例如中世紀教廷腐敗，神就興起改教運動使之反省。
神的引領	不同歷史事件的奇妙配合，叫人不能不讚歎當中有神的帶領。類似見證即使在現代教會亦常有聽聞，此處不多闡述。

1.2. 研習歷史的方法

研讀歷史為何要學習基本的史學方法？這好比駕駛者認識汽車構造一樣，是參考性的基礎裝備。一般情況下，只需擁有駕駛執照，曉得操作方向盤和遵守交通規則，駕駛者就可在道路上自由駕駛。然而若遇上特殊情況，如汽車的馬力不足以攀上陡坡，或中途零件故障，對機械原理的掌握將有助解決問題。同樣，史學方法並非閱讀歷史所必須的，不懂者瀏覽史著，仍可讀得津津有味。然而若碰到前後矛盾，或史著記載互有差異等情況，史學方法的知識能幫助讀者明白當中底蘊，從而悟出真相。

1.2.1. 史料種類

對不少人來說，歷史是沉悶艱澀的學科，有些人甚至對研讀歷史有恐懼感。事實上，歷史研究可以相當有趣，有偵探調查、法官審訊的影兒。案件發生於過去，不能在今日重演。偵探、法官惟有檢視與案件有關的人證、物證，作出綜合推斷，重構案情。同樣，歷史也是已過的事實，史學家必須憑藉留存下來的各類史料，重建往昔事件的真貌。這個重建過程，有時是輕而易舉的，但有時因著歷史資料的貧乏或相互矛盾而變得複雜，需要多加思考推測。

類別	特點	例子
具體遺物	任何歷史留下的立體實物，用作「物證」。	遺址、骸骨、雕塑、器皿。
文字著作	古人的文書作品，是早期的重要「人證」。	信經、書信、講章、日記。
媒體紀錄	非文字式的紀錄，是近代史常用的證據。	記憶、圖片、聲帶、錄影。

歷史研究所根據的「證供」主要可分為具體遺物、文字著作和媒體記錄3類。我們需要互相參照這些資料，協調分析，小心採納。史實重建與審訊案件一樣，需要全面檢視各類相關的人證物證；所不同的是歷史研究的對象往往相距一段較長的時間，人證離世及物證流失的情況較為嚴重。此外，因應資料與有關人物事件的關係，史料又可分為一手、二手和三手等不同級別。不難理解，一手的親身見證，在史實重建上會比間接的二、三手傳言更值得參考，是歷史研究最重要的依據。然而由於二、三手資料多經過整理分析，有助掌握整體實況，也有一定的價值。

類別	特點	例子
一手資料	直接由研究對象或事件留下的文獻資料。	古代文獻的編輯或翻譯。
二手資料	主要從一手資料而來的間接重述或歸納。	現代的專書或專文研究。
三手資料	主要從二手資料而來的間接重述或歸納。	現代概論巡覽式的書籍。

1.2.2. 證據判斷

判案需要有偵探的頭腦、細密的心思，研究歷史也需要有豐富的常識、邏輯的思維和謹慎的態度。研讀歷史最重要的原則是經常反問：這是真的嗎？有甚麼證據？會否曾被歪曲？例如唐朝初年的「玄武門之變」，早年的史記多將之描寫為李世民大義滅親、除奸滅惡之舉。但若我們細問：當時的太子是誰？不是長兄李建成麼？李世民憑甚麼權柄誅殺親兄弟？剷除奸惡者便已足夠，為何連他們的後裔也遭趕盡殺絕？唐朝貞觀之後，若所有皇帝均為李世民後裔，批評玄武門之變的記載，可以長傳後世嗎？為此，近代有些史家一反傳統，將事件描寫成李世民殘殺骨肉、武力奪位的醜惡行動。應當緊記，研讀歷史必須經常抱持懷疑的態度。歷史著述難免有推斷成分，除非有真憑實據，不要盲目輕信。以下是幾個評鑑歷史資料的常用原則，值得讀者參考：

> ? 若有人在你面前指控他人，造謠生事；這些評鑑原則如何能幫助你判辨有關指控的真實程度，從而找出事件的是非對錯？

a. 冒名偽著於古時頗為流行，未獲歷史先賢和現代學者肯定的文獻作品，不可輕信。
b. 古代文獻常有誤抄或竄改現象，文本若與其他可靠抄本不同，不可輕信。
c. 資料若與已確定的歷史事實、人物特質不符，或內容自相矛盾，不可輕信。
d. 沒有其他獨立文獻或物件從旁印證的孤立證供，真偽難辨，不可輕信。
e. 資料流傳多有扭曲，二、三手傳言若無一手見證支持，不可輕信。
f. 人多有利己表現，褒揚友好黨派或抨擊敵對羣體的言論，不可輕信。

1.2.3. 研究模式

偵探調查、法官審訊通常只會針對個別獨立案件，以事件為中心。相比之下，歷史研究的對象就寬闊得多，人物、組織、事件、思想等主題皆可成為研究對象。現時有關教會歷史的著作很多，以中文出版的也有不少：有專注名人如戴德生（J. Hudson Taylor，1832～1905）、倪柝聲（1903～1972）等生平事蹟的，有研究某一宗派組織如宣道會、合一堂的，有剖析個別事件現象如靈恩運動、三自運動的，有集中教義思想發展如基督論、聖靈論的，當然也有宏觀整個或部分教會歷史的。只要到各大基督教書室逛逛，即不難發現歷史研究的著作種類繁多，進路也各有不同。

基本上，二千年的教會歷史有如一幅大拼圖，縱軸是時間發展，橫軸是不同主題。相關事件雖互相緊扣，但亦可作為獨立鑽研的題目。研究模式大致可分為3類：

a. 橫向時代掃描：以歷史時段為研究範圍，探討該時期基督教的主要發展，如使徒開創時期、宗教改革時期等。若能由遠至近逐時段探討，即能宏觀整個基督教歷史。坊間常見的教會歷史概論書籍多採此法。

b. 縱向主題研究：研究某一主題的歷代發展，橫跨時期通常較長，如屬靈傳統的演變、教會體制的建立等。這類研究專注探討個別主題，對追溯相關現象、習慣、思想的來龍去脈甚有幫助。

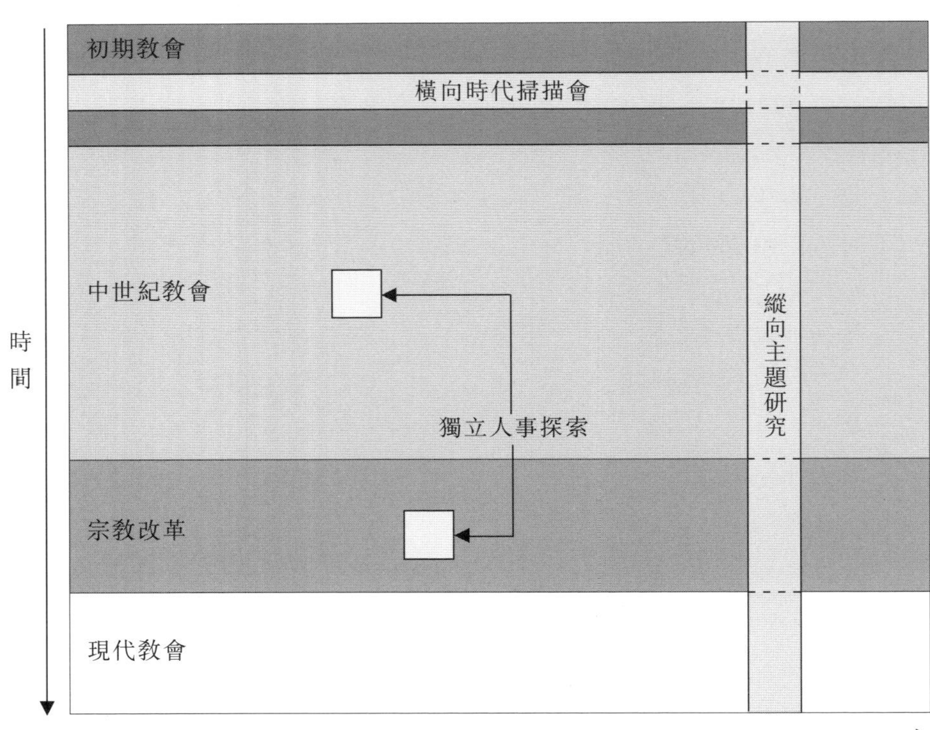

c. 獨立人事探索：專研個別人物或事件，涵蓋範圍及時段一般較窄，如馬禮遜(Robert Morrison，1782～1834)的晚年遭遇、中華基督教會成立經過等。這類研究的優點是專注和深入，學術專文多屬此類。

1.2.4. 研習建議

在幾年的教學經驗裏，曾遇過不少人詢問怎樣才能讀好教會歷史的問題。其實研讀歷史與看經典小説、長篇電視劇相當類似。前一陣子香港流行一套韓國劇集《大長今》，收視率極高。眼見街頭巷尾，甚至教會肢體都在談論，我便也看看。初時並不感到有何特別，只覺勵志信息頗為正面；但看久了，知道各人物間糾纏不清的複雜關係，明白各事件的來龍去脈，就愈看愈滋味，直追到大結局。隨後，香港兩間電視台相繼推出韓劇《醫道》和《女人天下》，因著事奉繁忙，就沒有繼續收看。偶然晚上回家，扭開電視觀看一、兩節，由於不太掌握劇情發展，就不感興趣。

同樣，研讀教會歷史亦要先認識相關時代的社會與政治背景，明白各人物的相互關係，及各事件的脈絡聯繫，才能投入閱讀，得享其樂。初學者研讀歷史最常見的弊病，是間斷式的跳讀：偶然瀏覽幾頁，就放下不理，等到接近完全忘記之前所讀的東西，才重新拾起來隨意抽看數段。這種閱讀安排，相信所看的即使是《紅樓夢》、《大長今》，也會感到乏味。研讀歷史最理想的方法是好像追看小説那樣，一氣呵成，整個單元、整個時期地讀。閱讀時要盡量投入，讓各人物、事件在腦海中活現，釐清人與事的關聯，互相連結，印象才會深刻，認識才能透徹。

當然，對忙碌的都市人來説，抽一段時間專注閱讀也許並不容易。為此，本書特意將講論內容分成深淺不同的3個層次(如下圖所示)，從宏觀到微觀，讓讀者在拼圖前先窺看圖畫全貌，好能更快掌握整體脈絡。

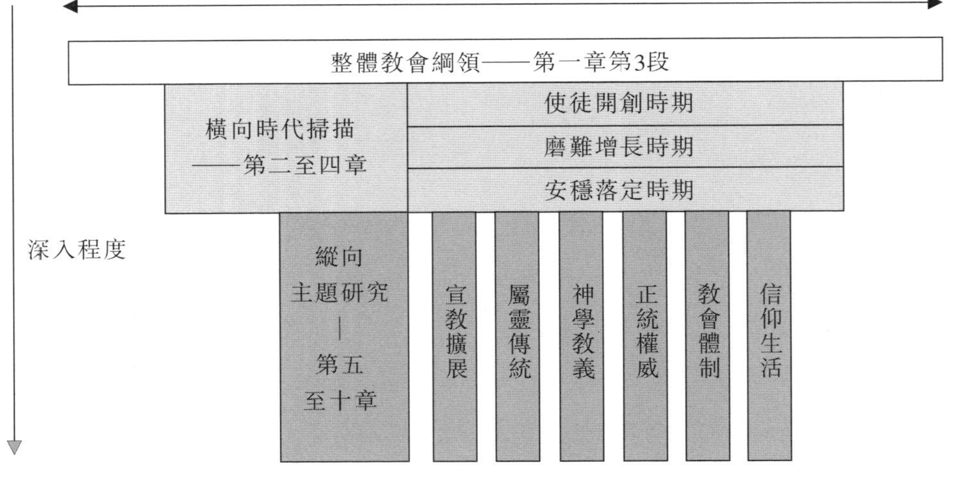

1.3. 整體歷史的綱領

教會歷史一般可分為4個階段：「初期教會」始於主耶穌基督離世，結束於羅馬帝國的覆亡，時間約為公元1至6世紀。隨後是「中世紀教會」，此時政局不穩，西歐被許多外族瓜分，疆界經常遷移，羅馬主教成為西方教會最高領袖，時間約由7世紀延續到15世紀。「宗教改革」是16、17世紀一連串改革教會道德和教義的運動，於全歐不同地區和城市爆發，羣眾有的從此得著解放，亦有的重受教廷壓制。「現代教會」是18世紀至今一段多元化、工業化、都市化的年代，此時期基督教在西方受到啟蒙運動(Enlightenment)的衝擊，在亞洲、非洲等發展中國家卻得到廣泛傳播。

然而需要留意，教會史家對上述4個階段的區別雖相當接近，但準確年期的劃分卻始終未有共識。基本上，各階段的分野不在於時間，而在於意識形態、社會文化、宗教理念等不同元素的改變，因此它們彼此間沒有明確的日期界線。由於演進節奏各有差異，屬不同階段的人可在同一時間區域裏並存，互相磨合。因此，被稱為改教晨星的威克里夫(John Wycliffe，約1329～1384)，雖身處14世紀，但仍可算為宗教改革階段的人物。

初期教會 | 中世紀教會 | 宗教改革 | 現代教會

時間

1.3.1. 初期教會

初期教會身處猶太傳統、希臘文化與羅馬政權融和的世界裏，此時基督教尚屬雛型，信仰教義、宗教禮儀、體制架構等均有待發展及建立。因著對耶穌身份和工作有不同詮釋，此時出現了許多異端，各自在不同信仰基礎上建構神學。與此同時，因著種種誣告和誤解，基督教被羅馬政權定為非法組織，信徒屢次遭受逼害。當時的教會領袖，就是後世稱為「教父」(Church Fathers)的，便起來為真理辯護。他們對內揭示異端錯謬，對外回應異教攻擊，留下許多重要文獻典籍。

教會內憂外患問題不斷延續，直到4世紀初有羅馬皇帝歸信始告終止。此時，基督教搖身一變成了政權偏好的宗教，許多異教徒悔改歸主，從前火煉的日子不再。至於異端問題，教會亦因得君王的支持而可藉主教會議來確立有制約性的正統信經和信條，將與之不同的異端思想從教會羣體中清除。

初期教會史口訣
基督升天立教會，
門徒四散福音傳；
異端邪說困擾多，
政權逼害兇且嚴；
教父領袖同面對，
駁斥錯謬不遲延；
幸有君王來歸信，
先輩始得享安年。

1.3.2. 中世紀教會

羅馬帝國積弱使鄰近外族有機可乘，公元410年羅馬城被攻陷、遭搶掠，開始了連綿不絕的戰爭，結果西羅馬帝國於6世紀被多個外族瓜分，使基督教會的擴展嚴重受挫。原來已歸信的羅馬人大遭屠殺或遷離，信徒人數驟降。然而君權的瓦解卻使羅馬主教地位高升，成為餘下人民的精神和政治領袖。困境很快過去，外族遷入不久，教會即努力傳福音。結果成功於各族各邦大量領人歸主，基督信仰

中世紀教會史口訣
外族入侵勢難當，
羅馬帝國終覆亡；
可幸傳教多成功，
教會重獲昔日光。
教宗高位由此起，
政教權力爭不休；
扭曲信仰以肥己，
無知信眾廣受欺。

重獲重視。此時，教宗成了跨國的宗教領袖，在西方舉足輕重。往後中世紀的數百年，教宗經常與各國君主爭權，有時受政要權貴操控，有時則能左右國家大局。

權力使人腐化，不論教權與王權之爭誰勝誰負，對一般平信徒來說，教廷始終具有莫大權威。羅馬教宗後來更自稱是神在地上的代理人，握有永生永死大權。許多與聖經相違的教義，如煉獄、贖罪券等，亦於此時相繼出現。教廷不單禁止人翻譯聖經，不讓普羅大眾認識真理，就連信徒直接向神祈禱，也加以制止。到中世紀末葉，西方教會上層已變得相當敗壞。宗教成為奪取權力和財富的工具，許多主教領袖更故步自封，道德淪喪。

1.3.3. 宗教改革

教會問題日益嚴重，有識之士相繼起而指斥，要求改革。除早前提及英國的威克里夫外，還有法國的瓦勒度（Peter Waldo，約1140～約1217）、波希米亞的胡司（John Huss，約1372～1415）和意大利的薩沃那洛拉（Girolamo Savonarola，1452～1498）等。無奈中世紀教廷霸權強大，這些改教先鋒全遭壓制逼害。基於種種內外因素，如印刷術的流行等，宗教改革要到16世紀德國馬丁路德（Martin Luther，1483～1546）期間才初見成效。此後，改革的火焰席捲歐洲各地，信義宗、改革宗、聖公宗、長老宗、浸信宗等相繼成立。

宗教改革歷史口訣
教廷積陋實太深，
改教先驅冒死來；
前仆後繼至路德，
大業始漸見光明；
浪潮席捲歐遍地，
各大宗派相繼成；
教廷反擊起爭戰，
千萬傷亡始告終。

面對大批信徒流失，羅馬天主教也亡羊補牢，召開3次天特會議（Council of Trent，1545～1563）急謀對策，檢討信仰教義，糾正過往陋習。此時成立的耶穌會（Jesuit）更積極反擊，四處攔阻改革浪潮。天主教與基督新教的矛盾衝突，於1618年開始的宗教戰爭中全面突顯。戰事耗費歐洲大量資源，雙方均傷亡慘重。1648年的《威斯特伐利亞和約》（*Peace of Westphalia*），結束了持續30年的流血衝突，宗教改革至此也暫告一段落。

1.3.4. 現代教會

17世紀晚期開始於歐美流行的啟蒙運動，高舉理性和科學，強調人類經驗，否定教會權威，貶斥宗教信仰。哲學家如笛卡兒（Rene Descartes，1596～1650）、休謨（David Hume，1711～1776）和尼采（Friedrich W. Nietzsche，1844～1900）等，更積極建立以人為本的思想，質疑屬靈世界與神的存在。雖然有些西方國家還有頗強的教會，但敬畏神已不再是廣大人民的共識，取而代之的是經濟學、心理學、社會學等人本學科的流行。縱然一些神學家如士來馬赫（Friedrich D. Schleiermacher，1768～1834）、立敕爾（Alrecht Ritschl，1822～1889）和巴特（Karl Barth，1886～1968）等，積極以不同的角度來回應，但教會發展已嚴重遭受打擊，基督教被邊緣化，社會地位下降，影響能力漸減。

然而與此並行，基督教亦於各地經歷多次復興，相繼有德國敬虔運動（Pietist Movement）、英國循道運動（Methodist Movement）和美國大覺醒運動（Great Awakening）等。這些運動不單引發多人歸主，使教會興旺，還激勵不少人獻身，遠赴海外宣教。隨著福音種籽往世界各地傳播，基督教逐漸脫離以歐美為中心的境況，成為普世性的宗教。由於各地發展情況不一，今日的教會歷史已變得地域化和多元化。除一些影響全球基督教的大型運動，如普世合一運動（Ecumenical Movement）和靈恩運動（Charismatic Movement）外，現代教會歷史研究多以某一國家或城市為主，如中國教會史、台灣教會史等，以反映有關地區基督教往昔發展的真實情況。

> **現代教會史口訣**
> 啟蒙運動偏理性，
> 基督宗教受質疑；
> 哲學思潮重人本，
> 神學家眾忙回應。
> 教會各處見復興，
> 激發獻身赴重洋；
> 基督福音環球播，
> 不再限留歐美地。

溫習及思考問題

1. 研讀教會歷史對現代的基督徒來說有哪4重意義？

   a. ______________________

   b. ______________________

   c. ______________________

   d. ______________________

2. 歷史資料供分哪3類？除本章內文所列的，你能各多舉一個例子嗎？

a. ______________ 例子：______________

b. ______________ 例子：______________

c. ______________ 例子：______________

3. 歷史資料又可分為哪3個級別？它們當中哪個最重要？

a. ______________ 最重要？ □是 □否

b. ______________ 最重要？ □是 □否

c. ______________ 最重要？ □是 □否

4. 六四事件兩日後，中國戒嚴指揮部發言人張工說：「在對天安門廣場的清理中，沒有發生任何傷亡，沒有打死一個人。」試根據本章所介紹的評鑑資料原則，及下列報導，評論張工的言論，並估計當日死亡人數約有多少。

發佈單位	時間	死傷人數	備註
中國紅十字會人員	6月4日	2700人死亡，2萬人受傷。	只計死在醫院人數；但中國紅十字會後來否認曾公佈此數字。
北京某醫院發言人	6月4日	死亡人數達2600人以上。	僅指各醫院處理死亡人數。
中共國務院發言人袁木	6月6日	近千多名軍人受傷，2000多名羣眾受傷。	
清華大學學生自治會籌委會	6月7日	4000多人死亡，3萬餘人受傷。	僅調查各大醫院，被焚屍體無法估計。
香港大公報	6月7日	死亡人數達2000人以上，3萬餘人受傷。	至6日下午6時，北京各醫院處理屍體數。
北京市長陳希同	6月30日	200多名民眾喪生。	此數目經袁木承認。

張工的言論違反哪幾項原則？______________

估計當日大約有多少人死亡？______________

5. 歷史研究可分為哪3類模式？

a.____________________

b.____________________

c.____________________

6. 本章對研習歷史提出了甚麼建議？

7. 讀畢過去二千年教會歷史的綱領，你有何體會？能背誦各階段的口訣嗎？

8. 既知教會歷史對基督徒意義重大，你願意花時間專心研習嗎？請為自己編排一個研讀本書的時間表，計劃何時閱讀各章內容。

進深閱讀書目

吳國傑：《真貌重尋：教會歷史研究導引》。香港：基道，2005。

吳國傑編：《鑑古知今：教會歷史的提醒》。《山道期刊》卷六第一期。香港：香港浸信會神學院，2003年。

Bradley, James E. and Richard A. Muller. *Church History: An Introduction to Research, Reference Works, and Methods.* Grand Rapids: Eerdmans, 1995.

Comby, Jean and Diarmaid MacCulloch. *How to Read Church History.* 2 vols. New York: Crossroad, 2000.

第二部分

橫向時代掃描

第二部分

第二部分

橫向時代掃描的特色是以歷史時段為分界，較整全均衡地概覽有關時期的特有實況和主要發展。本書專論初期教會，為了準確描述這段時期的外在社會環境與內在信仰體制的轉變，我們再將這段歷史細分為三：使徒開創時期、磨難增長時期和安穩落定時期。這3個時期先後連接，結合而成初期教會歷史的整體。

作為人類歷史的部分，基督教自成立開初，即不斷與身處的社會文化互動，教會的發展演進某程度也可說是這互動的結果。要準確掌握基督教的歷史，了解各時代轉變的因由，就必須對環繞教會的人和事有基要的認識。早期教會所面對與基督信仰不甚協調的週遭環境，如希臘哲學的抨擊、羅馬政權的壓迫等，一方面帶來從外而來的挑戰，衝擊基督教在社會上的形象和地位；另一方面亦牽引基督徒在信仰與文化協調上的掙扎，造成種種內在的困擾，如異端興起等。這些內憂外患，逼使教會領袖為自身的宗教、教義的純正和福音的廣傳而作出回應。這持續不斷的反駁、抗辯、融合、補充、更新和修正，慢慢就造成教會在體制和教義上的成長。當基督徒人數上升，在國家社會裏的影響力增加，教會的發展反過來又會影響週遭的社會環境，進而改變內外挑戰與困擾的型態。

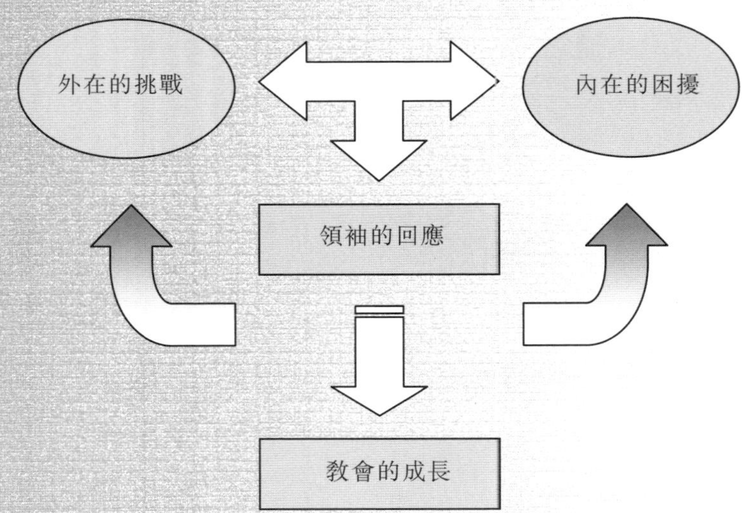

本部分3章內容雖各有不同分題，但它們全可順序歸納為以上所提及「外在的挑戰」、「內在的困擾」、「領袖的回應」和「教會的成長」4類。它們彼此影響、互為因果，需要整體兼顧、平行對照。

使徒開創時期

「使徒開創時期」指由五旬節聖靈降臨至1世紀末使徒相繼離世的一段急速擴展時期。這時期基督教會尚屬起步階段，信仰教義、禮儀制度和架構組織均未確切成形。主耶穌既已離世升天，曾跟隨祂的門徒，尤其是被主特別挑選的使徒，便成為傳遞這新信仰的權威。他們四處傳揚福音，教導信仰真理，建立地方教會，按立監督長老，處理教務問題。這時候，基督徒人數在羅馬帝國只佔極少部分。許多人甚至對這新興宗教全無認識，從未聽聞，更弄不清猶太教與基督教的分別。可以說「使徒權威」是這時期的標記，而人數稀少、組織簡單、力量微薄，教義信仰尚待發展，則是其主要特色。

> i 「使徒」一詞來自希臘文ἀπόστολος。狹義單指主耶穌親自揀選的十二門徒，其中背道的猶大被馬提亞所取代（徒一26）。廣義可指一切奉主差派的人，當中包括保羅。

2.1. 多元文化的處境

福音書記載，在主耶穌被釘死時，巡撫彼拉多用希伯來、羅馬(拉丁)和希臘三種文字，在一個牌子上寫著「猶太人的王，拿撒勒人耶穌。」這名號，安在十字架上(約十九19～20)。主耶穌和眾使徒所身處的環境，是一個不同民族共融的社會，而牌子上所用的3種文字，正正反映當時影響基督教會最深的三大文化源流。

ישוע הנצרי מלך היהודים

IESUS NAZARENUS REX IUDAEORUM

ΙΗΣΟΥΣ Ο ΝΑΖΩΡΑΙΟΣ Ο ΒΑΣΙΛΕΥΣ ΤΩΝ ΙΟΥΔΑΙΩΝ

2.1.1. 猶太宗教律法

「耶穌領他們到伯大尼的對面，就舉手給他們祝福。正祝福的時候，他就離開他們，被帶到天上去了。他們就拜他，大大的歡喜，回耶路撒冷去，常在殿裏稱頌神。」(路二十四50～53) 不論外在環境如何，耶穌基督的福音，最初是在巴勒斯坦的猶太羣體中傳開的，他們所信奉的經卷和律法，亦成為早期教會建立和詮釋信仰最重要的基礎。

雖然1世紀的猶太羣體普遍仍以聖城和其中的聖殿為政治與宗教生活的中心，但他們絕大部分散居歐、亞、非各處，聚居耶路撒冷的不足100萬，只佔當時猶太裔人口7～8%。這些移居外地的猶太人，部分是數世紀前被亞述或巴比倫擄走的，部分是後期在希臘或羅馬的多次戰役中被徵招入伍，或被俘為囚，另有更大部分是為著經濟緣故，往外地經商謀生的。與今日分佈世界各地的中國人類似，不同地域猶太人的意識形態和生活習慣各有一定差異。耶穌和門徒所身處的加利利地區，多說亞蘭文；往下進到猶大南部，希伯來文與亞蘭文混雜使用的情況相當普遍；而在巴勒斯坦外與其他民族共同生活的，就多以希臘文為日常用語。這些希臘化的猶太人後來又遷回巴勒斯坦，建造甚具希臘特色的城市，組成採用希臘文的會堂。因此耶穌和使徒時代的巴勒斯坦是一個多元文化混雜的世界，即使猶太羣體本身也存在相當大的差異。

在上治理他們的，是熟悉猶太宗教的以土買人大希律 (Herod the Great，約公元前73～公元4年)，他父親安提帕特 (Antipater，卒於公元前43年) 因支持羅馬帝國而取得權力，公元前40年大希律獲羅馬元老院賜封為「猶太王」，統治巴勒斯坦全地。死後，他的封地由3個兒子瓜分：亞基老 (Archelaus，公元前4年～公元6年在位) 管治猶大、撒瑪利亞和以土買 (Idumea)，腓力 (Philip，公元前4年～公元34年在位) 作加利利海東北面特拉可尼 (Trachonites) 和以土利亞 (Iturea) 的分封王，希律安提帕 (Antipas，公元前4年～公元39年在位) 則出任加利利和比利亞 (Perea) 的分封王。由於亞基老的轄區常有動亂，羅馬政府認為他治理無能，遂於

> i 大希律就是屠殺伯利恆所有男嬰的那位（太二16）。約瑟因知道兇殘的亞基老接續作猶太王，才轉往加利利居住（太二22）。腓力即希羅底的第一任丈夫。這希羅底後來為安提帕所娶，因而遭施洗約翰譴責，安提帕後因希羅底的誘使將約翰斬殺（太十四3~11）。

公元6年將他罷免，猶大和撒瑪利亞地區由此變成直轄省分，由羅馬巡撫管治。

因著猶太人當年曾多次協助羅馬對抗希臘，他們在帝國裏獲得特別優厚的待遇。猶太羣體享有宗教自由，可按律法傳統生活，無須向羅馬神祇獻祭，以表對帝國忠誠，他們甚至獲得豁免，無須在安息日應召執行政府職務。此外，他們亦有相對的自主權：由大祭司領導共71人的公會，可按猶太律法處理大小內務事宜，甚少遭受干涉。猶太人除了沒有自己的軍隊、要承認羅馬的主權和希律家族的管治，並要經他們所憎惡、鄙視的稅吏納稅上繳該撒外，可以說與今日的香港、澳門特區類似，享有高度自治。為安撫轄區內的猶太人，大希律曾於公元前37至34年耗費巨資，重修並擴大以斯拉時期所建、曾遭希臘統治者褻瀆的「第二聖殿」。雖然如此，猶太羣體對外邦政權仍有不少抗拒。按立場而論，他們最少可分為下列不同派別，這些派別大多曾在新約聖經中出現。

派別	英文名稱	對羅馬管治的態度	主要特色
奮鋭黨	Zealotes	積極反對	致力推翻羅馬統治，導致公元70年耶城被毀。
法利賽人	Pharisees	消極反對	主張羣眾專心追求宗教，嚴守口述傳統與律法。
愛色尼人	Essenes	抽離漠視	聚居死海以西，抽離其他社羣，追求宗教敬虔。
撒都該人	Sadducees	消極支持	支持祭司階級權柄，反對口述傳統律法的解釋。
希律黨	Herodian	積極支持	擁護希律家族的管治，信仰立場類似撒都該人。

2.1.2. 羅馬政治體制

隨著亞述、巴比倫、波斯、希臘等強國相繼滅亡，在耶穌和使徒時代，整個地中海沿岸地區只有羅馬一國獨大。此時的羅馬帝國，版圖横跨歐、亞、非三洲，且仍在不斷擴張；在羅馬強大軍事力量的保衞下，帝國境內公民同受相對健全的法律所約束，享受史稱「羅馬安寧」(*Pax Romana*)的平穩生活，不受周邊蠻族侵擾。雖然基督宗教起源於巴勒斯坦猶太人地區，但亦無可避免地受到當時管治各地的羅馬政權所影響，尤其是福音向外廣傳後，外邦信徒人數不斷增加，且逐漸取代猶太人而成為教會主流。

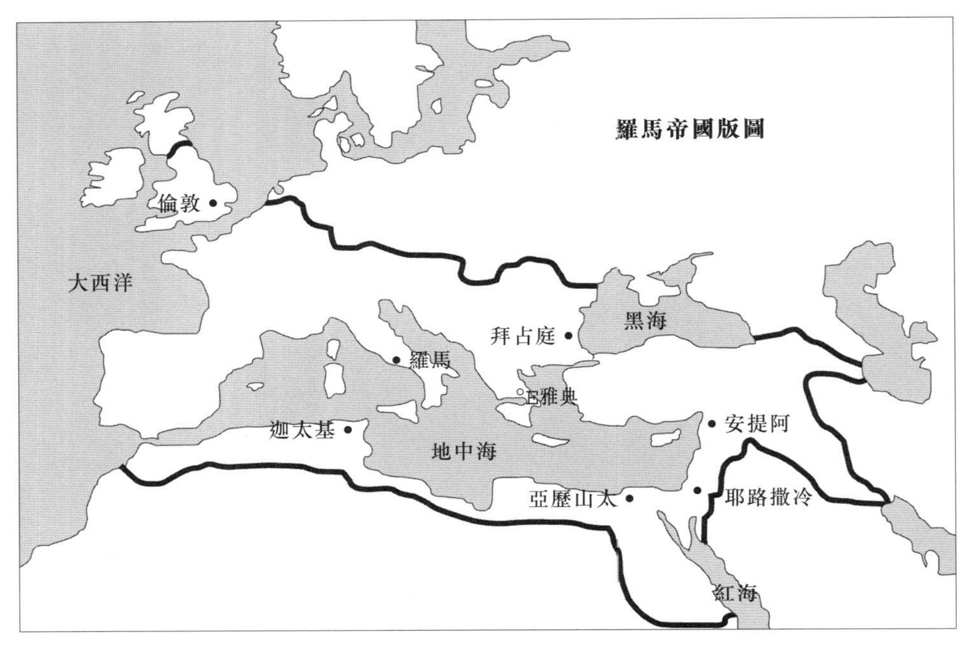

羅馬帝國雖然地大物博，人種眾多，但各省民眾基本上並無交往困難。除有統一的律法和稅制外，他們還有共通的語言。類似現今的中國，不同民族也各有本地方言，但他們只要熟悉西方通用的拉丁文，和東方通用的希臘文，國內公民基本上可四處通行無阻。此外，羅馬亦有相對發達的道路網絡，所謂「條條大路通羅馬」；然而，由於當時運輸大部分仍要倚靠驢和騾等動物背負或拖拉，許多人要徒步往返，速度甚慢。相對地，乘船出海是較快捷的途徑，但也有葬身大海的危險。此外，還要靜待有利的風向才可起航，等候時間最長可達數月。當時的船隻多以貨運為主，旅客要在設備簡陋的商船裏度過漫長旅程。雖然如此，羅馬帝國的商貿旅運已算相當發達，大大有利福音的廣傳。

在耶穌時代統治羅馬帝國的，是凱撒大帝的姪兒奧大維（Gaius Octavius，公元前31年～公元14年在位），他取名號「亞古士督」（Augustus）。羅馬帝國有金字塔式的階級制度，權力高度集中於少數上層統治者手中。君王是獨一的最高元首，握有絕對的軍事實權。圍繞他的是一羣多由貴

> 當時皇帝的稱號原是「該撒」，但因奧大維的成就，「亞古士督」逐漸成為羅馬君王的代號（相等於「大皇」），「該撒」僅居其次（相等於「小皇」）。

族出身的元老階級（Senatorial Order）；根據傳統，國家重要政事皆由羅馬元老院議決。僅居其次的是數目較多的武爵階級（Equestrian Order）人士，許多全國性的政治及軍事要職，皆由他們擔任。隨後是由各城市官吏和議員組成的市政貴族（Municipal Aristocracies），他們的權力僅在地區層面。受他們管轄的是庶民（Plebeians），或稱自由平民（Free Persons），帝國內絕大部分人口皆屬此階層，當中又細分國民、居民、寄居、鄉民等不同級別。雖然當時已有城市興起，但居於鄉鎮農村的仍佔多數。庶民以下還有數目龐大的奴隸（Slaves），他們聽命於各自的主人，承擔大部分勞動工作。低下階級人士可因個人努力和成就而獲得調升，但絕不容易。

羅馬傳統宗教與中國民間信仰相當類似，屬多神崇拜。羅馬人信奉神祇極多，可謂「滿天神佛」；不單各城各邦有其守護神靈，就是個別家庭也有多個供奉的對象。宗教信仰在社羣生活中佔有相當重要的地位，城邦要事如官長就職、簽訂和約等，多在神殿進行，社交活動也常有宗教禮儀。除敬拜諸神外，國內還有占卜、觀星、巫術等不同迷信風俗於民間流行。自帝國成立之初，逝世的君王即被奉為神靈；到公元1世紀中葉，君王崇拜開始延及在位的當權者，並逐漸於各城各鄉流行，成為對帝國表示忠誠的象徵性行為。下表為公元1世紀的羅馬皇帝名錄，他們執政有長有短，有明君也有暴君。

執政年期	中文名稱	外文原名
公元前31～公元14	亞古士督	Augustus
14～37	提庇留	Tiberius
37～41	該猶	Gaius (Caligula)
41～54	革老丢	Claudius
54～68	尼祿	Nero
68～69	迦爾巴	Galba
69	薩比努	Sabinus

執政年期	中文名稱	外文原名
69	奧索	Otho
69	威特留	Vitellius
69～79	維斯帕先	Vespasian
79～81	提多	Titus
81～96	多米田	Domitian
96～98	涅爾瓦	Nerva
98～117	他雅努	Trajan

2.1.3. 希臘哲學思想

雖說羅馬在軍事上擊敗了希臘，但在人民生活上卻反過來被希臘文化所蓋掩。自亞歷山大大帝（Alexander the Great，公元前356～323年）在公元前4世紀征服地中海沿岸各國後，即努力推行希臘化，其影響力直到他們遭羅馬擊敗後仍然持續。在羅馬帝國境內，到處都有希臘化的痕迹：希臘移民散居各城各鄉，古希臘式建築藝術隨處可見；各地神廟供奉著許多希臘神話中的偶像，如宙斯、阿波羅、雅典娜等；學府裏的高等教育盡是希臘智慧，經濟體系和城市生活皆沿用亞歷山大統治時期的模式；希臘文是羅馬帝國初期最多人熟悉的語言，帝國東部於公元1453年被土耳其人毀滅以前，仍廣泛採用希臘文。對基督教神學建構來說，影響最大的當數源遠流長的希臘哲學。

「哲學」（Philosophy）的希臘文原意是「熱愛智慧」，早期哲學家一直要追求認識世界宇宙的真相，要探知何謂至善，了解如何為人處世。希臘哲學最早可追溯到米利都學派創始人泰勒斯（Thales，約公元前624～546年），其後還有畢達哥拉斯（Pythagoras，約公元前585～497年）、赫拉克利特（Heraclitus，約公元前530～470年）、巴門尼德（Parmenides，約生於公元前510年）和蘇格拉底（Socrates，約公元前469～399年）等著名哲學家相繼湧現。到耶穌和使徒時期，希臘哲學已變得百花齊放，除最著名的柏拉圖主義（Platonism）外，其他流行學派還有犬儒主義（Cynicism）、亞里士多德主義（Aristotelianism）、懷疑主義（Skepticism）、伊壁鳩魯主義（Epicureanism）和斯多亞主義（Stoicism）等。

除下列哲學門派外，當時還有許多人採取折衷立場，認為不同主義各有優點，主張各取部分，融合協調，因而形成許多大大小小不同的中間思想。雖然希臘哲學門派眾多，但基本立場仍不離對真理與美善的追求；何謂「智慧」是所有門派爭議的主題。他們傾向跳越表面現象而思考真相實體，重視永恆無形的世界多於現世物質的宇宙，強調心靈的喜樂安穩高於肉身的歡愉享樂。這些理念直接或間接地左右著後期基督教神學思想的形成，對教會發展有深遠的影響。

學派	創始人	主要特色
柏拉圖主義	柏拉圖 （Plato） 約公元前429～347	認為真理應穩定持久，而可見的世界則流變不居。因此在可變現象背後應有一不變的「原型」(idea)，是真實世界所在，人應透過理性思維來認識和追求。
犬儒主義	戴奧革尼 （Diogenes） 約公元前400～325	是一種強烈追求「德行」的哲學，視俗世享受為邪惡，人應從慾望中解放出來，過自然簡樸、有道德自由的生活。這思想影響其後的斯多亞主義。
亞里士多德主義	亞里士多德 （Aristotle） 約公元前384～322	不承認原型的存在，卻強調萬物有「質料」(material)和「形式」(form)之分，質料的潛能要加上形式才得具體實現。人應參與質料潛能的發展，促進世界的建立。
懷疑主義	比羅 （Pyrrho） 約公元前360～270	對一切有關真理的宣稱抱「懷疑」態度：認為人類所能探知的，只是事物的表象，而非絕對的真理。為此不同人可以有不同體會，無法確定。
伊壁鳩魯主義	伊壁鳩魯 （Epicurus） 約公元前341～270	認為人生的最終目標就是快樂，快樂就是幸福；然而他們的「快樂」，並非貪圖一時享樂，而是追求心靈平靜，少受痛苦，是能延續一生之久的。
斯多亞主義	芝諾 （Zeno） 約公元前335～263	認為每個人都有其命運，是無法改變的，人只能改變自己對命運的態度；理性的表現是不為外物所動，順著「自然」而活，否則只會帶來痛苦。

2.2. 詮釋真道的張力

耶穌基督的信仰，自始即與傳統猶太宗教思想有所不同，彼此存在一定張力。主耶穌雖與其他以色列人有相同的文化歷史根源，接納猶太律法權威，且自稱要成全律法，但祂卻挑戰祭司長、文士對傳統信仰的詮釋，指斥法利賽人假冒為善，漠視奮鋭黨、希律黨與現世政權的爭拗，強調天國的降臨。祂雖身處希臘哲學思想籠罩的羅馬帝國，但卻絕口不提對方所強調的「智慧」，相反卻活出外人視為愚拙的十字架道理。主耶穌在世時雖留下不少身教和言訓，但卻沒有留下一部「教理手冊」供後人參考。在不同思想文化的衝擊下，如何正確詮釋理解耶穌的身份和使命，便成為初期教會信仰建構上的一大挑戰。

2.2.1. 耶穌門徒的經歷

耶穌基督的信仰始於1世紀初巴勒斯坦一個細小的猶太羣體，他們追隨一個行為教導均與其他猶太拉比不同的人，這人名叫耶穌。耶穌在他們面前行了許多神蹟，醫病趕鬼，並宣告天國快將臨到，呼籲羣眾悔改，從心裏歸向神。祂深具洞見的教導、帶有權威的宣講及對苦難者的關懷，吸引愈來愈多人跟隨他。他們也許並不知曉這耶穌究竟是誰，但最少會相信祂是神所興起的先知，也許就是他們一直盼望，能拯救他們脫離羅馬管轄的彌賽亞。然而，祂獨特的言行表現同時亦引起當權者的排拒，其追隨者之多更使他們心裏不安；結果在一夜急促的逮捕、審訊和處決行動中，這許多人以為是民族盼望所在的耶穌慘被釘死。對當時在上的當權者來說，惡夢也許可以告一段落；但對耶穌的擁戴者來說，這卻是盼望的幻滅，他們會對原初所相信耶穌那先知、拯救者的身份感到疑惑。

然而事情並非就此結束。在灰心無奈中，突然傳出一個令人驚訝的消息：耶穌的墳墓空了！有些與祂關係較密切的婦女、門徒甚至宣稱曾親眼看見耶穌。耶穌復活迅即成為一眾門徒彼此傳頌的話題。是真實？是幻覺？但見證人不斷增加，且變成數以百計；他們看見耶穌會吃魚、手腳有釘痕，能穿牆過壁，又突然消失。這種顯現不是一次、兩次，而是持續40天之久，見證人每個都確切地宣告耶穌已經復活，並已升天；在臨離去前祂且頒下要使萬民作祂門徒的大使命。

> 由於福音書對耶穌究竟在逾越節前或後被釘死，有相異的提示，祂復活與升天的日期無法確定，以下日期僅供參考：
> 第1日（逾越節前1天）釘死
> 第3日（逾越節後1天）復活
> 第43日（復活後40天）升天
> 第51日（五旬節）聖靈降臨

奇怪事情接踵而來，距耶穌升天的消息傳出不足10天的五旬節，那12個特別被選出來、被稱為使徒的，突然在一聲巨響後站出來，用各地的方言鄉談高聲宣講。當時是重要節期，有來自羅馬帝國各處的猶太教徒聚集在聖城過節；他們對使徒的表現感到驚訝，數以千計的人因此歸信耶穌，相信「神已經立他為主，為基督了」(徒二36)。究竟這一切是真實還是幻覺？拿撒勒人耶穌是神還是人？是神賜祂能力、使祂高升，還是祂本身有此神性？這新的信仰與傳統猶太教有何關係？使徒此時的宣講似乎未有解答。

2.2.2. 猶太角度的詮釋

接二連三的神蹟奇事，和眾多門徒不畏艱辛的宣講，使教會人數不斷加增。但各人對耶穌的認識有多少？基督信仰究竟應當怎樣？似乎眾說紛紜。基督教會始源於猶太羣體，他們一直信奉以律法為中心的傳統宗教。在舊約王國時期，以色列人相信他們是神獨特的選民，宗教的關鍵就在於民族血統，而所羅門興建的聖殿就是他們敬拜的中心。然而被擄亡國後，猶太人國破家亡、流散各地，聖殿被毀迫使他們重新思想信仰傳統的基礎，而最後的結論就是先祖遺傳的律法；即使所羅巴伯重建聖殿，大希律修葺擴建，律法傳統仍然未有減退。耶穌時代猶太拉比討論的焦點，往往仍是對律法書的詮釋，思想其中意義。

自大衛執政時期，即有先知拿單預言他的國位可得永遠堅立(撒下七16)；就是到王國快將滅亡之時，耶利米仍宣告說：「日子將到，我應許以色列家和猶大家的恩言必然成就。當那日子，那時候，我必使大衛公義的苗裔長起來；他必在地上施行公平和公義。」(耶三十三14～15)在新約耶穌時代，猶太人都盼望這位彌賽亞的降臨，盼望他能帶領民族脫離羅馬人的管轄，復興以色列國。由於申命記曾聲明神只有一位(申六4)，因此他們普遍相信，要來的彌賽亞只是一個較敬虔優秀的人，他好像摩西、大衛一樣蒙神揀選，受神重用，被神的靈充滿，能靠著祂施行神蹟奇事。

> 「彌賽亞」(Messiah)希伯來文原意是「受膏者」，在舊約可指先知、祭司或君王，與希臘文的「基督」(Christ)同義。但在耶穌時代，這詞主要是指神所膏立，要來拯救、復興以色列國的大衛王族後裔。

當早期的猶太基督徒承認耶穌是基督時，不少仍以這種傳統信念來理解。對他們來說，耶穌基督的福音只是預言應驗的宣告，是猶太傳統信仰的延續。因此，神藉先祖留下的教導訓勉仍然有效，往昔執行的祭禮儀文仍要維持，經拉比詮釋的律法規條仍得遵守。後世稱這些人為「律法主義」，保羅在加拉太書和羅馬書極力反對和斥責的，就是這種思想。

2.2.3. 希臘方向的理解

隨著福音向外邦傳揚，於希羅文化中成長的信徒人數加增，他們以自身固有的意識形態來理解耶穌事件，結果又產生了許多另類的歧異思想。當然，由於希臘哲學門派眾多、立場各異，這些在外邦基督徒中間流傳的歧異思想，也有許多不同面貌。相比猶太律法主義，它們的形態較零散含混，信念體系在使徒時期尚未完全形成，但仍隱約可於不同新約書信中察見。

如前所述，希臘哲學最重視的是「智慧」。以致早期不少以外邦信徒為主的教會，都有追求超然知識的傾向。在保羅給哥林多教會的書信裏，一開始就詳細探討智慧這問題；單是哥林多前書一至三章，「智慧」一詞已出現26次。在各哲學門派為何謂智慧爭議不休時，他提醒收信人真智慧、神的奧秘並非世人憑自己力量可以獲取，而是要從神領受的；屬血氣的人並不能領會屬靈的事，反倒以為愚拙。為此他呼籲收信人：「人不可自欺。你們中間若有人在這世界自以為有智慧，倒不如變作愚拙，好成為有智慧的。因這世界的智慧，在神看是愚拙。」(林前三18) 無奈哥林多教會似乎仍有不少信徒對保羅的忠告不以為然，反貶斥他缺乏屬靈洞見。保羅因此迫不得已要在後書裏宣告他那三層天的經歷，以壓止對方的批評(林後十二1～6)。歌羅西書也提示當時有人以哲理推論和幻想空言，提出一些「不可拿、不可嘗、不可摸」等類的規條，保羅指斥這些規條使人徒有智慧之名，實質卻全無功效；他提醒教會信眾要信心堅固，不要被這些「人間的遺傳和世上的小學」擄去(西二8、20～23)。

> 「智慧」希臘文為σοφία；在古代希臘哲學裏雖可指日常生活智慧，但更重要是指對世界宇宙和人性本質的洞見。智者必須要言行合一，知而不行是缺乏智慧的表現。

在基督信仰中，最難被希臘文化接受的，是神成為人、釘死在十架和耶穌復活這類教義。對他們來說，神與人、榮與辱、靈與體是截然兩樣的高下級別，絕對不能混和。因此，當保羅在雅典宣講福音時，眾人聽見死人復活的話，就譏誚他(徒十七32)。約翰也提醒信眾要辨別靈訓教導，聲明惟有承認耶穌基督是成了肉身而來的，才是出自神(約壹四2)。然而，使徒的訓誡並非人人皆願遵守，異化思想繼續在早期教會中擴展，且逐漸系統化，形成2世紀的「諾斯底主義」和「幻影主義」。

2.3. 使徒先驅的回應

使徒領袖所經歷的耶穌，不論是與猶太傳統或希臘哲學相比，均有格格不入之處。若說耶穌只是由凡人提升，因何祂有「我與父原為一」(約十30)等宣稱？這些話語就是亞伯拉罕、摩西、大衛、以利亞等偉大先祖，也從不敢言說。若說耶穌是屬天智慧的啟示，那麼在十字架上的死亡又當如何理解？這類教義跟柏拉圖、伊壁鳩魯、芝諾等哲學先輩的教導全不協調。當使徒領袖回顧檢視耶穌的生平事蹟和言訓教導，他們逐漸意識到祂不僅是個有血有肉的人，其超然神蹟、權威宣告和大能復活，顯出祂有與神同等的地位；自此他們以「主」來稱呼耶穌。他們整合所得啟示，建構出與週遭文化思想不同的教義：相信耶穌是父神的獨生愛子，祂從太初開始即與父同在，是創造主、也是救世主；祂由父差到世上，以十架帶來救贖，以復活敗壞死權；末日祂要再度降臨，審判活人死人。他們以不妥協的態度堅持所得的體會，與猶太傳統和希臘哲學劃清界線，就如保羅宣告：「猶太人是要神蹟，希利尼人是求智慧，我們卻是傳釘十字架的基督，在猶太人為絆腳石，在外邦人為愚拙；但在那蒙召的，無論是猶太人、希利尼人，基督總為神的能力，神的智慧。」(林前一22～24)

> i 「主」原文為κύριος；在希臘文舊約七十士譯本裏，共有95次用在神身上。猶太人不敢直接宣讀神所啟示「雅威」(יהוה)這神聖名字，而以「主」(אֲדֹנָי)字代替。因此，稱呼耶穌是主有承認祂是神的含意。

2.3.1. 協調不同見解

早期教會人數增長迅速，信眾聚居一處，凡物公用。然而，眾多不同語言、種族的信徒羣體匯集，長期接觸，磨擦衝突自然在所難免；基督教會成立之初，很快即見不協調現象。使徒行傳記載當時有外地回流說希臘語的猶太人，向土生土長說希伯來語的同族發怨言，指教會在每日的物資供應上忽略了他們的寡婦。使徒因此立了7位執事，管理有關事務(徒六1～7)。

使徒時期教會最大的內部矛盾，在於猶太與外邦信徒對基督信仰理解上的分歧。對不少最早期的猶太基督徒來說，耶穌事件只是先知預言的應驗，基督信仰是猶太宗教的延續。根據過往猶太教習俗，外邦入教者必須依從傳統規條，不得豁免，因此他們主張所有基督徒均應奉守猶太律法。然而，外邦信徒接受耶穌，卻多由於基督信仰本身的教導，視之為從上而來的智慧，當中並無同時加入猶太教的意圖。問題終於在使徒行傳十五章的耶路撒冷大會中被提出來公開討論；結果保羅和巴拿巴所代表的「開放派」外邦教會，在彼得這「中間派」猶太基督徒的支持下，成功勸服以耶穌兄弟雅各為首的「保守派」，得免遵守律法這要求，但仍要「禁戒偶像的污穢和姦淫，並勒死的牲畜和血」(徒十五20)。然而，中間立場的議決雖獲通過，但事件並未因此平息；遵守律法的呼聲仍未停止，禁戒勒死牲畜等要求也未見在外邦教會中受到重視。10多年後，保羅仍要提醒同工要遠避「因律法而起的爭競」(多三9)。幸而，此時不同地區的堂會獨立自治，互不隸屬；猶太與外邦教會的協調工作雖未完成，但仍可互相包容，和平共存。

> 這些「保守派」的猶太基督徒在早期教會似乎甚有勢力。以致原與外邦人一同吃飯的彼得，見他們來到，也因懼怕而假裝退去，與外邦人隔開；這行動後來遭保羅譴責(加二11~14)。

2.3.2. 神學解釋探索

為使福音更為當時的猶太教徒和希羅異教徒接受，使徒領袖們當時亦努力就基督信仰建構神學上的解釋。一方面，他們努力闡明耶穌確是舊約預言的彌賽亞，是眾多先知宣告所指向；祂不像摩西、以利亞般由人提升，而是聖靈感孕而生，是父神的獨生愛子。其中馬太福音是這方面努力的典型例子，書卷一開始即以家譜表明耶穌是亞伯拉罕的後裔，大衛的子孫，祂的降生是「以馬內利」神同在的彰顯(太一23)；書中「是要應驗先知的話……」等句式多次出現。回應猶太傳統對彌賽亞的理解，馬太大力指斥文士、法利賽人經常曲解真道，假冒為善，引人走向歧途(太二十三1～36)；他們不能解答耶穌有關彌賽亞是誰的子孫這問題，證明他們所倡言的傳統立場，以為要來的彌賽

> 在馬太福音中，直接指明耶穌應驗舊約預言的宣告，有太一22，二15，二23，四14，八17，十二17，十三35，二十六56等，暗示的更不計其數。

亞是會政治式地解放以色列民的主張，並不能盡信。在這基礎上，希伯來書將耶穌所成就的，跟舊約祭禮比較，指出其超越性，便成為吸引猶太教徒改信福音的有力工具。

另一方面，使徒先驅亦嘗試以希臘哲學裏的詞彙和觀念，解釋主耶穌的身份，以獲取外邦異教徒的認同。在眾多信念差異中，耶穌與至高真神的關係是最常談論的問題，在祂裏面是否真有屬天智慧？保羅第一次在羅馬被囚時寫下歌羅西書，詳盡解釋基督的位格和工作。當中指出愛子就是那「不能看見之神的像」，是首生的，在一切被造以先，萬有都靠祂造成（西一15～16）。「像」（εἰκὼν）原文有相似、肖像、外顯的意思；換言之，祂是至高真神的反照，是屬天道理的彰顯；保羅甚至形容這是「歷世歷代所隱藏的奧秘」，在外邦人中有無比豐盛的榮耀（西一26～27）。隨後約翰進一步以希臘哲學通用的聖道概念來解讀耶穌的身份。「聖道」（λόγος）原文有說話、言語之意，顯明主基督就是神所說的話，祂由神而出，卻與其本體有別。由於神不會說謊，所以聖道可忠實反映神的性情，有相同神性，兩者完全和諧合一。約翰解釋，這道太初即與神同在，萬物皆藉祂而造，成了肉身為人的就是這道（約一1、14）。雖然這些解釋與傳統希羅哲學仍然有別，但已拉近雙方距離，大大加增對話討論的空間。

華人信徒很容易誤將中國道家的「天道」與約翰所講的「聖道」混淆。前者沒有位格，只是運行不息的宇宙規律；後者卻是神的話語，發自有位格的本體，有情有意。

2.3.3. 使徒教導流傳

除了積極建構神學解釋外，使徒先驅亦努力將所得的體會教導信主羣體。從現存新約書信可見，他們主動透過各地往來的好友同僚，細意查察各教會現況和需要，遇有歧異思想妖言惑眾、教內生活良莠不齊或受苦肢體困惱疑惑，即提筆寫信加以指正勸勉。由於古時文書往返不易，這些使徒書信多在各地教會被視為珍寶，在聚會中被公開朗讀，小心存留；部分更會傳達其他教會，互相交流。保羅就曾囑咐帖撒羅尼迦教會將他的書信「念給眾弟兄聽」（帖前五27）；又要求歌羅西教會念完他的信後，傳給老底嘉教會（西四16）。

除了文書信函外，使徒領袖亦積極前赴不同教會傳揚福音，教導所信真理。保羅第二次宣教旅程，就在哥林多住了一年半，並「將神的道教訓他們」(徒十八11)；第三次旅程他則選擇停留以弗所，在給該處教會長老的道別談話中，他呼籲對方要「記念我三年之久晝夜不住的流淚、勸戒你們各人」(徒二十31)。此外，他又在各地設立監督長老，將所訓練的同工如提摩太等，留在不同教會，負責牧養、帶領工作。除保羅外，其他使徒亦於各地活躍傳道，例如約翰就在小亞細亞長久事奉，深切體會各城情況，獲得廣泛尊重。雖然使徒的提醒未必能獲得預期成效，問題可能依然持續，但早期領袖們不懈的努力仍應獲得肯定。

2.4. 開基立業的成長

雖然主耶穌在世傳道時，曾吸引多人跟隨；但到祂死在十字架上，不少慕名而來的追隨者已悄然離去。雖說祂的空墳和隨後祂復活的傳言，曾引起不少關注，但聖經記載親眼見過復活之主的，人數只得數百。在耶穌升天之時，門徒數目依然稀少，福音只在巴勒斯坦這細小地域中流傳；雖說部分門徒曾跟隨耶穌逾年，但他們一直表現對真理的認識是一知半解；除獲主選召的十二使徒外，門徒間亦無高下聖俗之分，體制架構似近全無。五旬節聖靈降臨，基督教會只像受精卵一樣，雖有無限潛質，一切卻全未定型，有待發展成長。

2.4.1. 門徒四處宣教

主耶穌臨升天前吩咐門徒：「但聖靈降臨在你們身上，你們就必得著能力，並要在耶路撒冷、猶太全地，和撒瑪利亞，直到地極，作我的見證。」(徒一8) 但五旬節後門徒仍大部分聚居耶路撒冷；直至司提反殉道，教會大遭逼迫，門徒才分散往猶太和撒瑪利亞各處。由於聖靈大能、使徒努力、信眾見證、政治穩定、語言統一、交通便利等種種因素，使徒時期教會人數增長迅速。而且教會成立之初，信徒普遍認為主耶穌快將再來，在強烈末世氣氛籠罩下，門徒傳福音熱情而逼切。當1世紀末使徒約翰離世時，福音已遠傳各處，羅馬帝國東部沿地中海一帶的主要城市，均有教會設立，人數且不斷增長。

由路加編寫的使徒行傳，記載了福音如何藉腓利散播至撒瑪利亞，藉彼得傳與外邦，更重要的是藉保羅遍傳各地。自約公元46年起，保羅3次外出傳道宣教，遍遊加拉太、馬其頓、亞該亞和亞細亞省多個城市，惹起不少風波，也建立多所教會。隨後他藉詞上訴該撒前赴首都羅馬，在那裏居住兩年，傳講福音真道，堅固主內肢體。保羅約於公元62年獲釋，隨後他即再次遊行佈道，根據新約書信的線索，他此時可能曾到西班牙（羅十五24、28；舊譯「士班雅」）、克里特（多一5、舊譯「革哩底」）、米利都（提後四20）、歌羅西（門22）、以弗所（提前一3）、腓立比（腓二23～24）和尼哥波立（多三12）。最後返回羅馬，並約於公元65年在那裏為主殉道。

旅程	日期	年數	經文	主要傳教區域	停留城市
第一次	約46～48年	2年	徒十三4～十四28	加拉太	
第二次	約49～52年	3年	徒十五39～十八22	馬其頓、亞該亞	哥林多
第三次	約53～57年	4年	徒十八23～二十一17	亞細亞	以弗所
第四次	約60～62年	2年	徒二十七1～二十八16	意大利	羅馬
第五次	約62～65年	3年	新約書信	巡迴各地	

除保羅外，其他使徒和領袖亦遠赴不同地方宣教。例如馬可就在埃及的亞歷山太（Alexandria）成功建立教會，這教會人數增長迅速，不久即成為基督信仰向外擴散的福音中心，而亞歷山太的主教職位，從此亦被稱為「聖馬可寶座」。根據教會傳統，十二使徒之一的達太（太十3），曾被復活的耶穌差派前往伊得撒（Edessa），治癒當地國王的頑疾，結果使當地人全城歸主。不少資料顯示，多馬曾到印度宣教，取得一定成果，其足迹甚至可能直達中國。此外，亦有古代典籍聲稱另一使徒巴多羅買曾踏足中國，傳揚福音。這些資料雖不全面，且難於考證，但使徒領袖們四處遊歷，努力廣傳福音，卻是不爭的事實。因著他們的共同努力，早期教會不論在人數、地域上，均有顯著的增長，為日後發展奠下穩固的根基。

2.4.2. 信仰大綱落定

除人數和地域擴張外，1世紀亦是基督教信仰教義建構的重要時期。早期門徒只知跟隨耶穌，但所信之道為何？他們必須將片段零散的經歷和體會整理，逐步轉化成較整全的信仰教義，以表明所信福音的內涵。早期教會第一篇福音信息是彼得在五旬節當日宣講的，其重點除歷史性地陳述耶穌的死亡、復活和升天外，還宣告「神已經立他為主、為基督了」(徒二36)。自此，承認耶穌的獨特身份便成為基督信仰的關鍵認信。當腓利查問埃提阿伯太監是否一心相信時，他回答「我信耶穌基督是神的兒子」，隨後即下水接受洗禮(徒八37)。隨著時間過去，愈來愈多名號、描述加在耶穌身上，為表明耶穌兼有神性和人性，保羅就曾宣告說：「論到他兒子——我主耶穌基督。按肉體說，是從大衛後裔生的；按聖善的靈說，因從死裏復活，以大能顯明是神的兒子。」(羅一3～4)

在認信基督以外，使徒此時還提出了許多重要的信仰指引，記載在不同書信敍事內，例如大使命裏的三一程式(太二十八18)、基督成就的代贖救恩(彼前三18)等。雖說公認的新約正典經目要到數世紀後才逐步形成，但此時各地信徒已開始收集使徒領袖的著述，作為宗教羣體生活的指引，這些著作全是後期教會訂立教義條文的主要根據。雖然使徒行傳展示當初使徒領人歸主後，隨即會給對方施洗，但隨著教會經驗增多、體制發展，一個個給慕道初信者設立的信仰課程開始出現。由於各地教會所得體會不同，這些信仰教導的內容也因時地而異，有專注道德行為、有講論信仰教義，也有涵蓋教會制度的。不少學者相信，《十二使徒遺訓》(*Didache*)內首6章的「兩條門路」，就是早期信仰課程的一個典型例子。

有人以為「使徒信經」乃使徒所寫，是最早期的教義權威。然而事實並非如此。今日流行的信經版本要到公元8世紀才正式出現。不過除少數條文略具爭議外，信經內容大部分均與新約書卷一致，因此仍可說是源自使徒的教導。

2.4.3. 體制架構初現

五旬節聖靈降臨時，教會似乎只有兩個職分：主特別選召的使徒和接受耶穌的一般信徒。隨著教會日漸龐大，不同職位和職能開始出現，以應傳道和行政上的需求。較為後世熟悉的，有使徒在各地按立的監督(或稱長老)，他們負責管治地方堂會，兼任信仰教導。而路加記載的執事，初時只為辦理膳食分派（徒六1～7），後來因應教會情況，也承擔各類事務工作。根據保羅書信，當時共同建立教會的職務，還有先知、牧師、教師、傳福音的和行異能的，此外還有得恩賜醫病的、幫助人的、治理事的和說方言的（弗四11～12；林前十二28）。雖然有些華人牧者認為這些只是不同恩賜，並非固定職位，但根據初期教會文獻，上列名稱之中肯定有部分，如先知、教師等，是當時廣獲認許的職分，跟監督和執事類同，且比之更早存在。

> 留意「使徒」一詞有狹義和廣義之分：狹義單指耶穌選召的十二門徒，連同後補的馬提亞；廣義則指一切得主親自差遣的人。前者不包括保羅，後者則涵蓋之。

聚會方面，初時信徒強烈認為主耶穌快將再來，於是都變賣田產家業，共同生活。聖經記載他們「天天同心合意恆切的在殿裏，且在家中擘餅，存著歡喜、誠實的心用飯」（徒二46）。當時他們隨時讚美、經常分享，沒有特定聚會時間，教會活動與日常生活融合為一。後來當信徒逐漸意識到主耶穌短期內不會降臨，他們便重新為生計籌算，回復舊日辛勞工作，聚會時間也相應縮減。由於當時未有週日放假慣例，他們聚會多在清晨黎明之前，以免影響日常工作，同時也減少因被發現而遭逮捕受苦的危險。1世紀末上任的羅馬行政官皮里紐（Pliny the Younger，約61～113），在一封寫給皇帝他雅努的信中，就提到當時的基督徒「習慣於一個指定日子，天亮以前向他們崇奉為神的基督獻詩讚美」（皮里紐：《書信集》10.96.7）。此時宗教活動既被逼濃縮，內容質素便隨之受到重視，以聖餐為中心的崇拜程序開始出現。雖然各處教會這時仍是獨立自主，聚會各具特色，但整體來說是漸趨固定，教會制度開始形成。

溫習及思考問題

1. 「使徒開創時期」基督教會的標記和特色是甚麼？

   標記：__________

   特色：__________

2. 此時最深影響基督教會的文化源流有哪3個？

a. ____________________

b. ____________________

c. ____________________

3. 按照對羅馬和希律家族管治的立場，猶太羣體最少可分為哪5個派別？

a. ____________________

b. ____________________

c. ____________________

d. ____________________

e. ____________________

4. 請填寫下表，由上至下列出羅馬帝國內的不同階級。

皇帝

5. 各希臘哲學門派的共通基本立場和爭議主題是甚麼？

基本立場：____________________

爭議主題：____________________

6. 為何有些早期的猶太基督徒支持要遵守律法？背後有何信念？

____

____

7. 基督教信仰中，最難被希臘文化接受的是甚麼？

____

____

8. 使徒先驅們如何回應了猶太律法和希臘哲學的挑戰？你認為這些回應合宜嗎？為甚麼？

猶太律法：____________________

希臘哲學：

是否合宜？

原因：

9. 內文記載教會在「使徒開創時期」有哪些方面的發展？這些發展對今日教會有何影響？

發展方向：

今日影響：

進深閱讀書目

黃錫木等：《新約歷史與宗教文化導論》。香港：基道，2002。

黃錫木等編：《新約背景文獻選輯》。香港：國際聖經協會，2000。

Ferguson, Everett. *Backgrounds of Early Christianity.* 3rd ed. Grand Rapids: Eerdmans, 2003.

Crossan, John Dominic. *The Birth of Christianity: Discovering What Happened in the Years Immediately after the Execution of Jesus.* New York: HarperCollins, 1998.

磨難增長時期

隨著1世紀下半頁使徒相繼離世，及暴君尼祿一火焚城後誣告基督徒，教會開始進入「磨難增長時期」。此時基督教成了羅馬帝國內一個非法團體，屢遭暴力打壓。雖然受逼迫程度每因帝皇立場和當時政局而略有變化，鬆緊不定，但壓制態度始終未改。此時的基督信眾，與今日國內沒有登記的家庭教會類似，要秘密在地下活動，時刻面對當政者的通緝逮捕、監禁規限，甚至酷刑殺害。雖然如此，教會此時仍能迅速增長，認識基督信仰者愈來愈多，分佈地域也愈來愈廣。到磨難結束時，基督教會已成為羅馬帝國內不容忽視的強大力量，部分城市更已有過半人口悔改歸主。雖然，「逼迫受壓」仍可說是這時期的標記，但教會內絕非愁雲慘霧，相反卻常有令人振奮的消息，和叫人激動的見證；信仰教義和架構組織，此時也有許多影響深遠的發展。

> 「磨難增長時期」始於1世紀末最後一位使徒約翰的離世，終於公元313年「米蘭諭旨」(Edict of Milan)的公佈；這諭旨允准基督徒獲得宗教信仰自由，不受干擾。

3.1. 外在政權的壓迫

雖然新約聖經顯示，教會成立之初，基督信徒即常遭逼害，著名的有司提反和雅各相繼殉道，彼得、約翰被審訊恐嚇。司提反死後，聖經更直接記載：「耶路撒冷的教會大遭逼迫……進各人的家，拉著男女下在監裏。」(徒八1、3) 然而，這些壓逼只屬地方層面，發動者多是與基督信仰有衝突的既得利益羣體。保羅上訴羅馬該撒，他仍可享有自由接待賓客的寬厚待遇，和使他至終獲釋的公平審訊。無奈，這情況不久即告終結，基督教轉眼成了帝國中央政權打壓的對象。

3.1.1. 合法身份的喪失

教會成立初期，基督徒在猶太羣體中活躍，對不熟悉當中差異的羅馬政權來說，他們只是猶太教的一個分支；猶太教既獲接納，基督信仰也同享合法地位。然而，隨著猶太宗教領袖的反對和控訴，羅馬官方開始將兩者區分；基督徒因依附猶太教而獲享的待遇，也隨之被剝奪。

> 公元70年，部分猶太奮鋭黨人發動羣眾反抗羅馬統治，導致提多將軍(Titus Vespasianus，39～81)出兵鎮壓，攻佔耶路撒冷，拆毀聖殿。猶太教從此也遭受監管控制，但仍能保留合法地位，與基督教不同。

基督徒的境況，因曾弒母殺妻的暴君尼祿(Nero，37～68)之嫁禍而變得更為惡劣。根據羅馬史家塔西圖(Marcus Tacitus，約56～120)的記載，公元64年羅馬城大火，控訴矛頭直指尼祿，許多人均相信他是幕後黑手。尼祿雖用盡一切人為努力，慷慨捐輸、向神獻祭，但仍無法消除嫌疑，於是他便將大火的責任歸咎當時仍不為人熟悉的基督徒，並用殘暴手段嚴刑殺害，有被釘十字架而死，有被野獸咬死，也有被火燒死的，不少早期信徒在他統治期間殉道，當中包括使徒彼得和保羅。

3.1.2. 盲目無理的攻擊

尼祿對基督教的誣告雖早已備受質疑，但因當時信徒多出自低下階層，力量微薄，致有沉冤長期無法昭雪。再加上當時有不少對基督教這「神秘組織」的誤解和謠傳，致使情況更為惡劣。綜合而言，初期教會受逼迫壓制主要可歸納為以下幾方面原因：

a. 低下階層：猶太教有強烈種族界限，希羅異教亦等級分明，相反初期教會卻開放接納任何人士。結果許多一向被其他宗教拒諸門外的低下階層(如奴隸等)，都樂意加入教會。但這卻使基督教受外界蔑視，視為低等信仰。

b. 與俗分離：基督徒因信仰緣故而拒絕參與許多異教徒日常生活中的惡習，如血腥殘酷的競技場和淫亂濫交的沐浴池，這些活動於當日社會而言，跟今日上茶樓戲院同樣普遍。基督徒因而被斥為離羣，引來許多誤解。

c. 不肯妥協：為持守信仰，基督徒多堅持不肯跪拜羅馬諸神，拒絕君皇崇拜；為免殺人，他們也不願參軍。然而，這些行動在昔日羅馬帝國裏，卻廣被視為對國家忠誠的表現，基督徒因而被質疑是不愛國家。

d. 教義獨特：基督信仰跟猶太傳統對彌賽亞的理解不同，其強調的道成肉身和十架受苦，也難與古時希臘哲學家所宣稱的智慧協調，結果常遭外界妄指為不合情理，因而受到排斥。

e. 諸般誤解：細看古昔典籍，不難發覺當時流傳許多對基督教的誤解。例如基督徒不拜偶像，就被指為無神論；他們守主餐，就給說成食人；弟兄姊妹相愛，卻成了亂倫的指控。謠言愈傳愈歪，部分相當無稽。

低下階層的蔑視	教義獨特的質問	無稽扭曲的謠傳
這是一羣不久前才出現的新人類……他們的規定是這樣：「……任何無知的、愚拙的、沒有受教育的，任何未成年的孩童，都可大膽前來……」他們認為這些人配得去到神那裏；這顯示他們只希望、只能夠說服那些傻笠的、可恥的和愚拙的，並那些身為奴隸、女人和幼童的……。 俄利根：《反駁克理索》3.44	那說某些神或神的兒子曾落到人間，審判人類，是最羞恥的宣稱，無須冗長的辯證即可將之駁倒。神這樣下降有何目的？是否要認識一些在人類中間發生的事情？祂豈不是全知的麼？若祂知道一切，為何祂不能在沒有差派任何人特別來到的情況下，憑藉自己的屬神權能糾正人類？…… 俄利根：《反駁克理索》4.2～3	他們招攬新人的事蹟確實令人厭惡。他們用麵粉包著一個嬰兒，為要欺騙那些不謹慎的人；既被這麵粉團所欺哄，以為自己的擊打無害，這新入教者殺這嬰孩……他們饑渴地舐這嬰孩的血，爭議如何分其四肢。藉這受害者他們彼此立誓；由於他們同有犯罪，所以共同保持緘默……！ 腓力斯：《歐克塔維》9.6

3.1.3. 持續不解的逼迫

自尼祿開始，基督徒即受到持續的壓逼，整整200多年，從未間斷。從歷史資料可見，當時單是承認是基督徒，即可成為遭受處決的充分理由。現存有一份羅馬行政官皮里紐，奉呈給皇帝他雅努（Trajan，53～117）的信函，內容闡述他處置基督徒的程序：「我問他們是否基督徒，若他們承認，我會以刑罰威嚇，再問他們兩三次。若他們仍堅持，我就下令將他們處決。」（皮里紐：《書信集》10.96.3）他雅努則回覆表示認同皮里紐的處理手法，但補充要求道：「若有任何人否認他是基督徒，要確實地加以驗證，就是要他們敬拜我們的諸神。」（皮里紐：《書信集》10.97.2）雖然懲處基督徒已逐漸成為羅馬帝國當政者的「傳統慣例」，但一般而言，基督徒都是被舉報後才會遭受拘捕和審訊，而且逼迫多集中在首都羅馬城附近，偶然會在小亞細亞發生，其他地區的教會普遍比較安穩。

然而，在這個磨難增長時期裏，較嚴重的逼迫也間常出現，部分甚至遍及帝國全境，使教會信徒死傷慘重。例如3世紀中的皇帝德修（Decius，約190～251），就曾頒令所有人都要當眾向羅馬諸神獻祭，以獲取官方的證明文件，未能出示文件者初則警告，繼而處決。不少基督徒因而失腳跌倒，有被逼公開獻祭，有用金錢購買證明，也有許多寧死不屈的。下表為此時期最嚴重的五次逼迫：

皇帝	執政	影響地區	主要政策
尼祿	54～68	羅馬	火燒羅馬城，嫁禍基督徒，以殘酷手段殺害基督徒。
多米田	81～96	羅馬、亞細亞	不滿教徒拒絕向他獻祭，下令大舉搜捕，嚴厲逼害。
奧熱流	161～180	羅馬	指控基督徒為當時天災的禍根，縱容暴民殺害他們。
德修	249～252	全國	頒令人人要取得向羅馬諸神獻祭的證明，違者處決。
戴克里仙	284～305	全國	欲藉統一信仰來團結帝國，積極除滅國內其他宗教。

尼祿的逼迫	奧熱流的逼迫	戴克里仙的逼迫
為平息傳言，尼祿找人替罪；他以極具心思的殘暴，刑罰一羣被勉強加罪的人，就是基督徒羣體……首先，這組織的成員被搜捕；然後，一經發現，他們大量被判罪……他們被蓋上獸皮，然後被狗咬死；或他們被釘在十字架上，並且在夜幕低垂時，他們在晚間被當作燈來燃燒。…… 塔西圖：《編年史》15.44	我們不單被逐出公眾樓宇、浴池和市場，就是我們當中任何一個人的出現也被禁止，不論是在任何地方……他們尊貴地忍受擁擠的暴徒和流氓加於他們身上的迫害；他們被叫囂、被毆打、被拖拉、被掠奪、被扔石、被包圍，並承受狂燥的暴徒們慣常對待其仇敵和對手的各樣羞辱。…… 優西比烏：《教會歷史》5.1	皇帝的諭令在各處公佈，所命令是要移平教會，用火焚燒聖經；若有堅持宣認基督教信仰，有官銜的要被革除職務，整個家庭要被剝奪自由。這是針對我們的第一度諭令。不久之後，其他諭令相繼一一發出，吩咐首先要監禁各地的教會領袖，然後用盡一切方法，強迫他們獻祭。…… 優西比烏：《教會歷史》7.2.4～5

3.2. 內部衝突的浮現

除外在壓逼外，此時期的基督教會同時亦要面對內部意見分歧和異端思想的困擾。可謂內憂外患，禍不單行；然而，因著聖靈的帶領和信眾的堅毅，教會不單能安然渡過，且在艱苦中被雕琢磨煉，以致能茁壯成長，為基督宗教後世的發展奠下穩固的基礎。

3.2.1. 權威領袖的轉移

雖然使徒在世期間，各地教會已有許多問題，歧異思想、黨派爭鬥層出不窮，但使徒作為基督耶穌的追隨者、接棒人，普遍仍獲廣大信眾重視，在教會有較高權威。然而隨著使徒相繼離世，這權威誰屬的問題即惹來爭議；各大城市的教會互爭領導地位，不同教派也為誰是正統、誰具真理而爭拗。此時出現了一批後世尊稱為「教父」的領袖，為所認同的基督信仰、正統教義、現實事務而努力，給與當時羣眾、留給後世教會許多教導和提醒。他們在大公教會中一直備受尊崇，成為接續使徒、保留傳統的權威代表。

> 「教父」源自拉丁文*Pater*，原意指「父親」，後世用來表達對早期教會領袖先賢的尊重。教父始於1世紀末使徒之後，結束時期則眾說紛紜，沒有定論。

按教會歷史研究習慣，教父本身又可按時間先後分成四類。除已脫離磨難增長時期的最後一類，一般只稱「教父」外，其餘3類均有專用名稱，順序為使徒教父、護教士和初期教父。

a. 使徒教父(Apostolic Fathers)：指公元90～160年緊接使徒的領袖或著作，是新約聖經以後最早期的基督教文獻。包括羅馬的革利免(Clement of Rome，活躍於96)、安提阿的伊格那丟(Ignatius of Antioch，約35～約107)、士每拿的坡旅甲(Polycarp of Smyrna，約69～約155)、《巴拿巴書》(*Epistle of Barnabas*)、《十二使徒遺訓》(*Didache*)和《黑馬牧人書》(*Shepherd of Hermas*)等。

b. 護教士(Apologists)：於2世紀留下辯道作品的基督徒作者，他們積極確立基督教信仰的正統性和可信性。重要人物有游斯丁(Justin Martyr，約100～約165)、他提安(Tatian，活躍於172～175)、雅典那哥拉(Athenagoras，2世紀後期)、墨利托(Melito of Sardis，2世紀後期)等。

c. 初期教父(Early Church Fathers)：指2世紀末至4世紀初尼西亞會議(Council

of Nicaea）前的教會領袖。較值得關注的，有愛任紐（Irenaeus，約130～約200）、亞歷山太的革利免（Clement of Alexandria，約150～215）、特土良（Tertullian，約160～約225）、希坡律陀（Hippolytus，約170～約236）、俄利根（Origen，約185～約254）和居普良（Cyprian of Carthage，死於258）等。

3.2.2. 各地見解的分歧

初學教會歷史的人常有誤解，以為古時基督教領袖的立場和諧一致，因此偶然看到數位教父有某些見解，便大膽宣告「初期教會相信……」。這是非常危險的表述，因為教父們彼此間常有相異立場，有時甚至會針鋒相對，互相揮筆指斥。關於磨難增長時期的研究，更應避免使用這樣的表述，因為當時各省教會原則上獨立自治，沒有單一人物組織可代表全體，也沒有大公會議共同協調磋商。立場全然相反的教父可以同被歸為正統，同一人物事件在不同教會、地區也可有非常迥異的處理，例如俄利根在亞歷山太遭到排斥，卻在該撒利亞廣受歡迎。因此正視各教父領袖的分歧，是準確認識此時期教會特色的必要條件。整體來說，這時期的不同見解，最少可歸納為以下幾類：

a. 文化用語：由文化習慣和常用語言的差異所造成對神學理解的分歧。例如說希臘文的東方教會，與自2世紀末開始普遍採用拉丁文的西方教會，就曾因神學用語不同而彼此誤解，造成不少磨擦。

b. 聖經詮釋：當時有教父按字面解經，亦有認為要思想聖經的深層意義，主張寓意解經，由此出現許多不同見解。有學者認為，亞歷山太學派和安提阿學派經常衝突的主因，就是解經方法之分歧。

c. 對外關係：基督信仰應否融合外界流行宗教和思想？亞歷山太的革利免相信希伯來律法和希臘哲學同樣可引向基督信仰，而特土良則斷言雅典與耶路撒冷毫不相干，由此產生對希臘哲學截然兩樣的態度。

> 「亞歷山太學派」和「安提阿學派」同於2世紀末建立。有指前者強調基督的神性，多用寓意釋經；後者重視耶穌的人性，喜愛歷史字義釋經。但實際區別並非如此簡單。

d. 教會行政：早期教會不少磨擦分裂，皆與教會實際運作有關。例如德修大逼迫期間，不少信徒跌倒，是否接納這些失落者回轉，重返教會，就曾惹來嚴重爭議，結果引發諾窪天派分裂（Novatian Schism）。

3.2.3. 異端思想的出現

除被後世列為正統的教父互有意見分歧外，早期教會在信仰教義尚未成熟落實之時，亦受許多異端思想所困擾。這些異端不少均源自使徒時期，後於磨難時期聚合鞏固，成為甚具組織的教派。它們分散帝國各省各城，有集中小撮羣體，有影響廣泛信眾；有瞬間即逝，也有維持久遠。希坡律陀於3世紀初寫成的《反駁所有異端》(*Refutation of All Heresies*)，就詳列了1、2世紀流行的32個異端教派，逐一揭示和駁斥，足顯其數目之眾。究問各異端的源起和特色，不難發現許多均彼此關連，有相當類似的元素，它們大致可分為以下3類：

> 「異端」希臘文 αἵρεσις，原意是「選擇」，這詞很早期已被用來形容宗教或哲學上的教派。初期教會以之形容在信仰教義上有別於正統的錯謬思想與羣體。

a. 猶太式異端：以猶太角度詮釋耶穌事件，相信耶穌好比摩西、大衛一樣，只是神所揀選的偉大義人，是猶太人一直盼望的彌賽亞。基督信仰是猶太教的延續，因此信徒必須遵守全部律法，包括割禮。當中較著名的，有伊便尼主義(Ebionism)和艾克賽主義(Elkesaism)。猶太式異端多活躍在教會成立初期，隨著福音向外邦流傳，他們在基督教的影響力日漸衰微，到3世紀末已近消聲匿迹。

b. 希臘式異端：從希臘方向理解基督作為，強調靈為善、物為惡，世界乃墮落靈體「德謬哥」(Demiurge)所創造。而基督則是至高真神差來的次等靈體，地位比德謬哥高，祂向人啟示屬天智慧，幫助人從肉體的捆綁中釋放出來。由於物質邪惡，所以道成肉身純是幻覺，並非真實。著名的諾斯底主義(Gnosticism)和馬吉安主義(Marcionism)皆屬此類異端。希臘式異端持續困擾教會多個世紀，久久不能盡散。

c. 領袖式異端：因個別教派領袖的特殊背景和領受，而推出與別不同的思想。它們各具特式，沒有固定形態。例如孟他努主義(Montanism)創始人孟他努，信主前原是一神秘宗教祭司，他將過往經歷與基督信仰混合，宣稱自己可直接從聖靈得著啟示，其教導比耶穌更具權威。羅馬長老撒伯流堅持神只有一個位格，提出父、子、靈只是名稱上的分別，釘在十架上的既是子、也是父，從而產生了撒伯流主義(Sabellianism)。

3.3. 教父先賢的護教

面對內憂外患各方挑戰，教父先賢此時積極為確立基督教信仰而努力。只因他們不屈不撓的奮鬥，和眾多基督徒信眾的堅守，教會才能屹立不倒，存留至今。今日的基督教會亦要面對許多挑戰：對外有不同宗教如回教、佛教的競爭，世俗思潮如人本主義、後現代主義的衝擊，並有共產主義等無神論思想的批判；對內亦有如靈恩運動、現代音樂等爭拗，及摩門教、東方閃電教等中外異端的困擾。昔日教父先賢的護教，可給我們不少提醒。

3.3.1. 外間攻擊的回應

在羅馬帝國這個主要由希羅異教徒掌權的帝國裏，初期教會作為社會中備受壓迫的弱勢宗教羣體，很難透過政治手段獲取合理待遇，消解當政者對他們的無理逼害。教父領袖可以做的，就只有努力透過語言文字和行動見證，解釋基督教信仰的合理性，改善對外形象，減少外界對他們的誤解和攻擊。此時教會對外間攻擊的回應，主要有以下4類：

a. 澄清誤解：就外間對基督教的誤解加以澄清，正面強調基督徒對國家的貢獻。例如雅典那哥拉就曾寫成《為基督徒請命書》(*Supplication for the Christians*)，向皇帝奧熱流(Marcus Aurelius，121～180)解釋基督徒並非無神論，食人和淫亂的指控也是虛假的。

b. 辯明證實：重新詮釋基督信仰與異教的關係，以哲理辯證其優越性。例如游斯丁在他的《護教書》(*Apology*)中，就指出舊約啟示比任何希臘哲學都早，是哲學家們所參考的對象；而先知的宣告證明耶穌就是神的兒子，因此基督信仰與希臘哲學有許多共通見解。

c. 生命見證：積極為國家人民禱告，服侍鄰舍需要，以良好生活行為見證信仰真實，並獲取外人的愛戴和接納。例如公元263年亞歷山太出現瘟疫，許多非信徒撇下有病的親人不顧，基督徒卻勇敢留下，照顧服侍病者，他們甘心為此染病，甚至犧牲生命，贏得不少好評。

d. 堅守信仰：初期教會很多基督徒都堅持不向外間的逼迫屈服，他們不單無懼殉道苦難，還以此為榮。當然在嚴厲逼迫之下，亦有一些背道跌倒，或逃避遠地的，但堅守不屈仍是大多數基督徒的選擇。教父如特土良、居普良和俄利根等，均有著書勉勵基督徒勇敢面對殉道。

哲理上的辯明證實	瘟疫中的生命見證	逼迫裏的堅守信仰
如此你們就知道這是來自我們的先師，就是先知們留給我們的記錄。柏拉圖借用其宣稱，聽取了神藉摩西所宣講的真理，指出神將沒有形狀的變成物質，創造了世界；正如前述，這摩西是首位先知，比眾希臘作家更古遠……因此，柏拉圖和認同他的古希臘作家們，和我們自己都已明白，相信你亦會接受，就是神藉著祂的道，從先前摩西所提及的物質中創造了世界。 游斯丁：《護教書》1.59	我們當中大部分弟兄在愛心實踐和相親友愛上，均顯出毫無保留的態度。他們互相激勵，無懼地探望病患者，不斷照顧他們，在基督裏服侍他們。他們以喜樂的心承擔他人的苦難，甘心染上鄰舍的疫病，受他們所受的痛楚，甚至因此病逝……相反外邦人就很不同。他們撇下那些開始患病的，甚至至親好友也都離棄；他們將半死的人拋到街上，將死人如垃圾般掉棄，無人埋葬。 狄尼修：《論瘟疫疾病書》	他們首先捉拿一位名叫米他斯的老人，強迫他講出褻瀆的話；當他不從，他們就用棍棒打他，用尖戳劃他的面和眼，拖他出城並用石頭扔他……隨後他們又捉到一位受人敬重的老婦阿波朗尼亞，打她的顎直到所有牙齒都脫掉；他們且在城外燃起大火，威脅若不跟他們一起褻瀆呼叫，就要將她活活燒死。經過些微哀求得釋放後，她隨即跳入火中殉道而死。…… 狄尼修：《致法比烏書》

3.3.2. 內部異端的指斥

針對內部矛盾和異端侵擾，教父們同時亦努力在制度和教義上，鞏固基督教本身發展。初期教會既無權無勢，處理分歧見解和歧異思想，就只有像今日不少華人教會一樣，眼見東方閃電教等異端教徒在門外派發傳單刊物，也得無奈容忍，不能出來驅趕。惟一可以做的就是透過語言文字和信仰教導，盡力讓信徒羣眾認識真理，避免受到引誘迷惑。他們的手法大略可歸納為以下幾類：

a. 揭示異端錯謬：積極查考各異端思想，以文字著述暴露其背後信念，透過與正統教義對比，指斥當中錯謬。早期教父不少均曾在這方面作出貢獻，愛任紐的《反駁異端》(*Against Heresies*) 詳盡揭示諾斯底主義思想，同時涵蓋多個早期異端，是甚具參考價值的護教名著；特土良更最少有5份專論異端的著作存留，包括《反駁異端者之處方》(*Prescriptions Against Heretics*)、

《反駁馬吉安》(*Against Marcion*)、《反駁華倫提努派》(*Against the Valentinians*)、《反駁黑摩其尼》(*Against Hermogenes*) 和《反駁帕克西亞》(*Against Praxeas*)。

「諾斯底主義」分有許多派，華倫提努和黑摩其尼皆為部分派別的領袖。而帕克西亞抱持的思想，則與撒伯流主義相近。

b. 確立正統教義：初期教會異端眾多，其中一個主要原因是神學體系尚未成熟發展。異端的出現驅使教父領袖加快步伐，思想基督信仰的精義，同時確立羣體的公認權威。此時有多部神學著述面世，如特土良的《論基督的肉身》(*On the Flesh of Christ*) 和《論肉身的復活》(*The Resurrection of the Flesh*) 等，專注探討基督信仰的核心教義。雖說現代教會沿用的正典經目和信經條文此時尚未落定，但顯然已在催化形成中；約公元2世紀寫成的「穆拉多利經目」(Muratorian Canon)，列有26個書卷名稱，其中23卷與今日的新約聖經相同。

c. 鞏固信徒教育：承接使徒時期的基礎，此時各地教會給信徒的培訓教導更顯豐富。繼一世紀末的《十二使徒遺訓》後，3世紀初又出現《使徒教訓》(*Didascalia*) 和《使徒傳統》(*Apostolic Tradition*) 等著作，導引基督徒認識信仰要義和教會制度，讓他們有規可循。此外，各地教會亦編訂了自身的信經，作為信仰教導的大綱，和判辨異端的規準。這些信經的用詞雖各處不同，但內容相當接近，今日流行的《使徒信經》(*Apostles' Creed*) 和《尼西亞信經》(*Nicene Creed*)，皆源自這些地方性的信仰告白。

3.3.3. 使徒統緒的高舉

隨著具權威之使徒相繼離世，教會事務以何定準、由誰統領，便成為信徒羣體先要處理的問題。這不單牽涉誰可代表教會回應外間挑戰，更是對內判辨分歧見解和異端對錯的關鍵。雖然初期教會分佈地廣，派系眾多，意見紛紜，但以「使徒統緒」(Apostolic Succession) 為權威，似是較獲公認的立場。為此，使徒留下的文獻著作，便成為解釋信仰內涵的規準。細看教父們對教義條文的爭議，不難發現大部分均在經文的理解之上，力圖辯證己方見解乃源自使徒，與傳統教導協調。

另一個維持使徒統緒的途徑，是教會領袖的承傳。雖然使徒設立的地方教會，主要是監督（或長老）和執事兩個等級，且每級均有多位成員。但隨著教會人數上升，協調不同意見的需求加增，層級式的教階制度於1世紀末開始出現，以方便管治。此時各地教會由單一主教統領，其下有長老（即神甫）和執事。主教逐漸成了使徒統緒的代表，擁有特高的權威。這發展雖能有效遏止異端活動，促進羣體合一，平息不少爭議，但卻造就了後來教宗制度的形成，導致個人於教會權力獨大的情況出現。

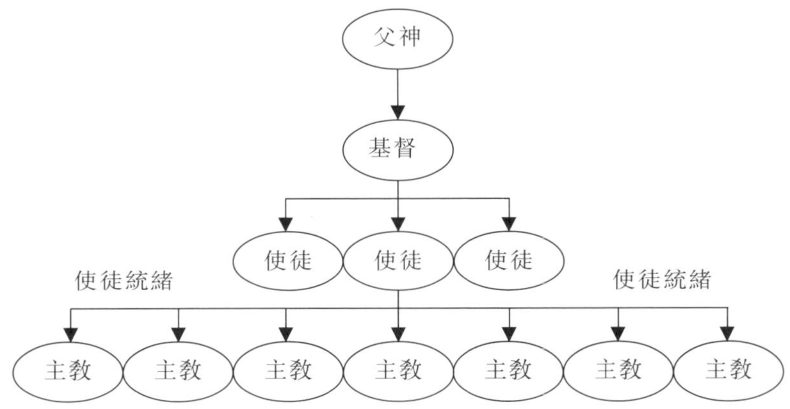

3.4. 信仰架構的發展

雖然外有政權逼迫，內有異端困擾，但基督教會卻能在這磨難時期穩步前進，不單信徒人數持續上升，神學教義和體制架構均有顯著發展，日趨成熟。內憂外患不單沒有妨礙教會增長，反成了煉淨信徒羣體、推動改革更新的催化劑。這時期教會的演進，對日後基督教發展有深遠的影響。

3.4.1. 信徒人數的加增

雖說1世紀末使徒時期結束之時，基督教會已擴展迅速，但主要仍集中在帝國東邊的大城市，如安提阿、亞歷山太、以弗所、哥林多等；向西延伸，最遠也只到羅馬。雖說基督徒曾踏足如高盧、西班牙等偏西省分不無可能，但現存資料卻全無教會於這些地區建立的紀錄。然而，到了公元3世紀，羅馬帝國幾乎所有省分，不論遠近，都有教會。非洲和小亞細亞部分城市，基督徒更高佔人口大半。有資料顯示奧斯霍恩 (Osrhoene) 和亞美尼亞 (Armenia) 當時甚至有全地歸主的情況出現。當然就全個羅馬帝國整體國民而言，基督徒仍佔很小部分，但教會的增長已相當驚人，以致有羅馬官員以「傳染病」來形容基督信仰無孔不入的擴散。

> 奧斯霍恩和亞美尼亞均位於羅馬帝國東北邊境，在幼發拉底河兩岸。奧斯霍恩的首府就是傳說由使徒達太帶領全城歸主的伊得撒。

為何基督教可以如此迅速增長？這是許多人百思不得其解的問題。歷來有不少學者嘗試提出解答，然而有一點必須緊記，初期教會的成功是許多因素集結而成，任何突顯某單一原因的意圖，都有過分簡化的危機。整體而言，當時造就教會擴展的，外在因素有早前提及的政治穩定、交通便利和語言統一，此外羅馬人開放接納外來宗教的習性，也對信徒增長有一定助益。而內在因素除教父領袖們的努力外，還有神大能的作為，現存留下來有關初期教會經歷神蹟奇事的記述多不勝數，當然基督徒的良好德行，和勇敢面對殉道的見證，亦是不容否定的原因之一，教父愛任紐和特土良甚至稱頌殉道者為教會真純的標記和種籽，足見其在初期教會中的崇高價值和地位。

3.4.2. 神學教義的發展

此時期的神學發展，一方面要回應外界對基督信仰不合邏輯、有違常理的指控，另一方面要否定當時流行各不同異端的錯謬。為此發展有兩個主要向度，首先是強化各教義間的相互關係，使之更顯連貫一致。雖然各教父的取態略有不同，有借取希臘哲學元素，結合耶穌事件加以協調，有強調純全啟示，不與世俗思想混雜，但基本立場仍是要辯證基督信仰的合情合理，並無自相矛盾。因此，這時期有不少較有系統的神學著作出現，如俄利根的《論首要原理》(*On First Principles*) 等，兼具神論、基督論、聖靈論、宇宙論、救贖論、末世論等不同元素，嘗試有系統、合邏輯地闡釋各主要教理的緊密連繫。雖然這時期的神學體系尚未成熟，仍有許多改進空間，但無可否認的是它們皆為後世所參考，是現代系統神學的始祖。

磨難時期神學發展的第二個主要向度，是基督身份的確認。初期教會大部分異端，爭議關鍵都在耶穌本質和作為的理解之上，猶太式異端認為祂只是普通人，希臘式異端則視祂為純屬神靈。經過許多考慮，早期教父普遍認同耶穌基督同時兼具神性和人性，祂是神的獨生兒子，是永恆的聖道，祂為童女馬利亞所生，有血有肉地逐漸成長。當然，究竟耶穌的神性是否與父完全同等？祂的神性和人性如何結合？祂的人性與我們是否全然相同？這些問題此時皆未成熟處理，但早期教父們對耶穌身份的共識，已在三一神論和基督論的建構上邁進一大步，為日後討論劃定界限，立下框架。

神學體系的建構

……我們當知道，使徒們在宣講基督的真道時，把他們認為人人必要的，甚至那些在追求神聖知識上較遲鈍的人所必要的一些道理，講解得極其清楚明白。然而，他們同時又留有餘地，讓那些應得聖靈美善恩賜的人，和那些藉聖靈獲得語言、智慧和知識恩賜的人，去繼續追測探求。至於其他問題，他們只說出事情的現象，而不論述它們存在的方式和源起。他們這樣作，顯然是為了使後來那些熱心而又愛好智慧的人有可研究的題目，以表現他們天才的果實；這些人就是那些努力準備自己，以成為合資格配受智慧的人。……

……為此，若有人願意建構一個前後連貫而又符合萬物原理的真理體系，他就必須按照「以知識之光照亮你們自己」的箴言，來運用以上所提的要點和基礎。如此，他就可以透過清晰和必要的說明，確定每個題目的真理；並且如前所述，藉他在聖經裏的發現，或根據正確方法和仔細追查結果而推得的解釋和論據，來建構一個整全的教義體系。

俄利根：《論首要原理》序言3，10

3.4.3. 體制規範的形成

隨著人數增長和內外環境改變，教會體制在艱難時期有顯著的擴展。除組成分有主教、長老、執事的3級制教階外，還設有多個較次等的事奉職分，如副執事、讀經員、領詠員和堂務員等。各職分的功能和權責也有較詳盡規定，例如聖職按立只應由主教負責，而水禮與主餐等則可由長老主持，執事負責探訪未能出席聚會的肢體，和協助分發經主教或長老祝謝的餅和酒。除經授權或特殊情況，如信徒臨終時找不到主教或長老，可由執事代為按手祈禱，各人均不得僭越自身的權責。

雖然各地聚會的情況略有差異，但普遍已有固定的形式，內容包括誦讀舊約和使徒的作品、主教和長老訓勉、禱告感恩、同守主餐，有些教會還有與仇敵和好、分享愛筵、接濟窮人等環節。水禮和主餐等禮儀的程序也逐漸定型。初時主教祝謝餅和酒，仍會按自己能力盡量祈禱感恩，但後來已有固定禱文的採用。磨難時期教會活動的另一個重要發展是節期的出現。教會成立之初，門徒天天聚會讚美；後來聚會減少，「主日」成了信徒特殊紀念主的日子；到2世紀守節的風氣開始盛行，復活節和五旬節愈來愈受到重視，復活節前且有預備日；到3世紀東方希臘教會開始在1月6日慶祝主顯節，紀念主耶穌受浸顯現為彌賽亞這事蹟，節期後來亦為西方拉丁教會採納。

> 值得留意，今日廣受重視的聖誕節，到磨難增長時期結束前仍未見出現。早期教會不單沒有劃訂這節期，俄利根還指慶祝生日是異教風俗而加以制止。

溫習及思考問題

1. 「磨難增長時期」基督教會的標記是甚麼？內文對這標記有何補充？

   標記：__________

   補充：__________

2. 初期教會受到逼迫，主要有哪5類原因？

   a. __________

   b. __________

   c. __________

   d. __________

   e. __________

3. 使徒教父、護教士和初期教父各指甚麼？三者有何分別？

   使徒教父：__________

   護教士：__________

   初期教父：__________

   分別：__________

4. 早期教父領袖有哪4類分歧？

a. ____________________

b. ____________________

c. ____________________

d. ____________________

5. 猶太式異端和希臘式異端有何不同？

____

____

____

____

6. 早期教會回應外間攻擊的方法有哪4類？你認為這些方法有效嗎？為甚麼？

a. ____________________

b. ____________________

c. ____________________

d. ____________________

效果及原因：____________________

____

7. 早期教會處理內部異端的方法有哪3類？這對我們今日面對異端有何提醒？

a. ____________________

b. ____________________

c. ____________________

d.____________________

提醒：____________________

____

8. 早期教會的神學教義發展，有哪兩個主要向度？

a. ____________________

b. ____________________

9. 你認為「磨難增長時期」早期教會的發展，在哪些方面影響現代教會最深？為甚麼？

進深閱讀書目

布恆瑞（Harry R. Boer）：《初期基督教會簡史》。郭鳳卓譯。台北：真道之聲，1985。

沈介山：《今日教會的淵源》。台北：橄欖文化事業基金會，1984。

Frend, William H. Clifford. *The Rise of Christianity*. Philadelphia: Fortress, 1985.

Ramsey, Boniface. *Beginning to Read the Fathers*. Mahwah: Paulist, 1985.

第四章 安穩落定時期

信徒受逼迫的情況，於4世紀初被戲劇化地扭轉。基督教從此進入「安穩落定時期」，教會不單無須再受逼迫，要偷偷在地下活動，還得當政者特別優厚的待遇，可以擁有比傳統希羅異教更獲尊崇的地位。稍後在4世紀末，基督教且被奉而為帝國獨尊、惟一合法的宗教。這外在身份的巨大轉變，使教會內部行政運作也大受影響，表面上基督徒是苦盡甘來，實際上卻危機處處。大量隨風擺柳的人加入教會，帶來世俗化的衝擊，並沉重的牧養壓力。教會領袖地位的高升，也引來持續不斷的權力鬥爭，從前只能用言語攻擊的異端異己，如今可以借助政權之力加以壓制，甚或盡加剷除。雖説「高升興旺」仍是這時期最重要的標記，教會此時不論在人數、體制或教義上，均有顯著的發展，但這並不純屬祝福，許多宗教改革時期被嚴厲批判的傳統規範，如以羅馬教廷為首的教階制度，皆於這安逸的環境下逐步形成。

> i 「安穩落定時期」始於4世紀初逼迫的結束，教會地位的高升；終結於6世紀西羅馬帝國被倫巴底人(Lombards)攻陷而最後覆亡。然而，這時期結束和隨後中世紀開始的準確時間，在學術界仍具爭議。

4.1. 政教關係的轉變

在磨難增長時期將要結束前，造成最慘烈一次全國性大逼迫的皇帝戴克里仙(Diocletian，約240～316)。他體會羅馬帝國版圖極為廣大，難於獨力統治，遂於登基不久即將國土分為東西兩部分，自任高級亞古士督，坐陣東方；另邀友人馬克西米安(Maximian，約250～310)治理西方。然而，這做法卻引來許多權力鬥爭。到公元310年，羅馬帝國甚至出現5個亞古士督分疆自治局面：東方有資歷最深的高級亞古士督加利流(Galerius，卒於311)，另有互相敵對的亞古士督力吉紐(Licinius，卒於324)和馬克西米努(Maximinus，卒於

313）；西方有同由軍隊擁立為王的君士坦丁（Constantine，約288～337）和馬森丟（Maxentius，卒於312），他們兩人皆為前任亞古士督後人。

此時基督徒在各人領土有不同待遇，但普遍仍是受壓居多。到公元311年，曾大力逼迫教會、此時卻身患重病的加利流，突然聯同君士坦丁和力吉紐發出「寬容諭旨」（Edict of Tolerance），宣告要以仁慈寬待基督徒。據說原因是加利流在夢中得知，其頑疾乃源自他對基督徒的逼害所致。雖然暫時可免受逼害，但基督教此時仍屬非法，沒有傳統希羅異教享有的權利。加利流不久離世，基督教身份地位的起跌，仍得繫在餘下4位亞古士督的取態和角力之上；其中的關鍵人物，是最終一統天下的君士坦丁大帝。

4.1.1. 羅馬君王的歸信

教會身份地位的劇變，始於羅馬皇帝君士坦丁的歸信。學者對君士坦丁選擇基督教的理由一直眾說紛紜，有指是基於他個人的宗教經歷，也有指是為政治穩定的緣故。根據該撒利亞的優西比烏（Eusebius of Caesarea，約260～約339）在《君士坦丁傳》（*Life of Constantine*）的記載，君士坦丁當時正面對一場以寡敵眾的西羅馬帝國爭霸戰。他以少於敵人一半的軍隊人數，憑著向至高神禱告時所見的異象，在米爾維安橋（Milvian Bridge）將強敵馬森丟擊敗。由於所得啟示與希臘文「基督」（Χριστός）頭兩個字母相同，所以他認定這位助他得勝的就是基督教的神，自此他就相信耶穌，積極提升教會地位。這記載或有誇大成分，未必全然可信，但君士坦丁於大戰後不久，即於313年聯同盟友力吉紐頒佈「米蘭諭旨」，給予基督教全然合法的地位，卻是無容置疑的事實。

現代研究指出，君士坦丁的歸信是個頗為複雜的歷程。起初他對基督信仰存在許多誤解：用羅馬人慣常採納東方神祇的習慣接受耶穌，視祂為眾多神祇之一，只是較有能力，能助他打敗獲其他神祇保佑的敵軍而已。更有迹象顯示，他可能曾混淆耶穌基督的身份，誤以為祂就是自己一直信奉那位太陽神的化身。雖然他後來逐漸將信仰澄清，成為一個不折不扣的基督徒，對基督宗教的委身愈來愈強，但基於政治平衡上的考慮，他仍對希羅異教相當包容，甚至終身保留異教「祭司長」的名號。

君士坦丁的異象

……當他正熱切地禱告懇求，一個奇特的異象從天向他啟示……他指出約在正午，當日頭開始低垂，他用自己雙眼，看見天上太陽之上，有一帶有十字架光輝的旌旗；寫著這個標記：「靠此得勝！」他為這異象而驚訝，隨他遠征的軍隊也都如是，他們都可為這神蹟作見證。……當他正衡量和思考其意思，黑夜突然降下。在睡夢中，神的基督以他在天上看到的同一標記向他顯現，並命令他製造類似他在天上看到的標記，以此為他與敵人交戰時的保護。一支鋪滿精金的長茅，打橫放上一支棒，形成十字架的模樣。在整體之上裝上一個精金和寶石的花圈，當中有救主名稱的標記，就是基督頭兩個字母，一個X字貫穿一個P字中間。

優西比烏：《君士坦丁傳》1.28～29

4.1.2. 身份地位的提升

雖然君士坦丁的歸信並非如早期史家描繪般單純，但基督教因此而獲得的優待，卻相當實在。在此以前，教會一直遭受逼迫，即使在「寬容諭旨」發出後，基督宗教仍沒有合法地位，只是稍獲寬容允准存在而已。君士坦丁米爾維安橋一役後，他給予教會與希羅異教同等的待遇，聖職人員可專心履行聖職，無須繳納稅款，也無須承擔公共職務，教會宗教活動更得政府資助。部分特為基督信仰而設的安排，甚至超越傳統宗教。過去被沒收的教產不單獲得歸還，政府還撥用巨款興建、重修及擴大教堂，更有將異教廟宇和審判會堂改建為教會建築的。因著主的死，十字架的酷刑被廢除；守主日的規定向外延伸，所有人均受到規範，除必要的農務外，一切工商活動都被下令停止。特別值得留意的，是君士坦丁還賦予教會權力，可以直接審理信徒間的訴訟，所作裁決有完全法律效力，這種授權是傳統希羅異教所沒有的。

雖然君士坦丁以後，尚有如約維安（Jovian，約331～364）等少數皇帝意圖恢復傳統異教，但主流趨向仍是以基督信仰為最受推崇的宗教。教會在羅馬帝國內的地位隨之不斷提升，短短數十年後已變得一枝獨秀。4世紀末皇帝狄奧多西（Theodosius，約346～395）更頒令完全禁止異教崇拜，基督教從此成為政府惟一認可的國教。

歸還教會被收教產	免除聖職人員稅項	命令全國同守主日
我們的旨意，是你收到此信後，若有任何現已為他人擁有，原屬於基督教會的物業，不論在何城市或地方，你都使它們立即歸還上述教會。因為我們已經決定，這些教會從前擁有的物業，應當歸還給他們。 優西比烏：《教會歷史》10.5.16	本人的旨意，是……一般稱為聖職人員的，可免除一切公共義務。好使他們不會因被調離對神的事奉而犯錯，褻瀆神靈，相反能專心無阻地遵守他們的律法。因為他們愈尊崇神，對國家的益處似乎愈大。 優西比烏：《教會歷史》10.7.2	他訂立一日為特別禱告的日子：我指的是那對所有人真的第一和最大，我們主和救主的日子。……按此他吩咐羅馬帝國所有人都要遵守主日，作為一休息之日；同時榮耀那從前是安息日的日子。 優西比烏：《君士坦丁傳》4.18

4.1.3. 歸化異教的需求

基督教地位雖得上升，但信徒人數並未因此而出現突變。雖說願意加入教會的人顯著增加，但基督教在「米蘭諭旨」後，信徒總數在整體社會中仍佔很少部分；即使到公元500年，基督徒人數仍未及總人口一半。如何有效使國內的異教者、非信徒歸化，便成為這時期教會的一大挑戰。除羅馬帝國本土外，5世紀初開始，邊疆的外族，包括西哥特人(Visigoths)、東哥特人(Ostrogoths)、匈奴人(Huns)、汪達爾人(Vandals)、勃艮第人(Burgundians)、法蘭克人(Franks)、盎格魯人(Angles)、撒克遜人(Saxons)、朱特人(Jutes)和倫巴底人等，亦不斷入侵，他們後來霸佔、瓜分帝國內不同地域，成為現代歐洲多個民族的先祖。努力使這些外族歸化，使他們認識和接受耶穌，亦是此時基督教會的重要使命。

除宣教傳道外，這時代的教會還要承擔教導和牧養大量初信者的職責。這些初信者各自帶著本身不同的背景、動機而來：有抱持傳統羅馬人對宗教的觀念，只視基督教的上帝為眾多神明中較具權能的一位；有因君王權貴的歸信，而嘗試攀附跟隨；有趕潮流式伙同親友羣眾而加入教會的。雖然當中必有被福音吸引而真心歸信的，但帶著不純動機、世俗風習而來的也有不少。

4.2. 內在分歧的激化

雖然外來的逼迫因帝皇的歸信而終止，但教會內部的磨擦衝突，及異端思想的困擾，並未因此而消失。雖然部分原有的分歧，如對希臘哲學的態度，因時代轉變而重要性減弱，但新的矛盾又不斷湧現。雖然一些極端思想，如完全否定基督人性或神性的立場，因長久討論而逐漸邁向共識或遭到否定，但較細節的神學問題仍有待解決。教會於社會地位的提升，只能帶來內部處理事情手法上的轉變而已。

4.2.1. 東西各自的發展

羅馬帝國疆土廣大，東西兩方分別以希臘文和拉丁文為通用語言，文化習慣自然有相當差異。戴克里仙將國家分東西治理，正好反映這現實。君士坦丁雖一統全國，使整片國土再次服於一個皇權之下，但其後的政權，大多將帝國分東西管治。在西方，羅馬素來是帝國首都，因著所在城市地位超然、資源豐富，教會信徒人數眾多，羅馬主教早於3世紀已被奉為西方拉丁教會之首，有影響鄰近教會運作的非正式權力。而東方，亞歷山太和安提阿這兩處常有衝突的教會，則是早期的權威代表。君士坦丁於4世紀初遷都拜占庭，將城市改名君士坦丁堡後，這新都很快便成為東方希臘教會的中心，與西方羅馬抗衡。

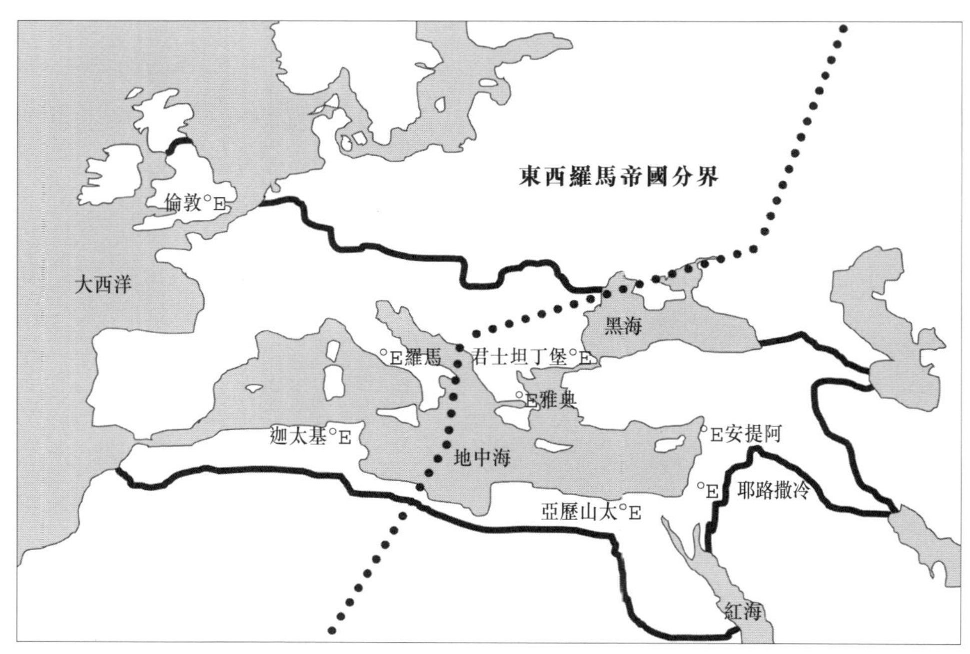

這時期出現了多位重要教父。有影響神學教義，有建立教會體制，有推動信徒操練；有主宰西方，有活躍東方，也有不少同受東西方尊崇。當中影響較深、特別值得留意的，包括：

a. 東方希臘教父：5次被驅逐流放，竭力維護三位一體教義的亞他拿修(Athanasius，約296～373)；合稱加帕多家三父的：該撒利亞的巴西流(Basil of Caesarea，約330～379)、拿先斯的貴格利(Gregory of Nazianzus，約330～約390)和女撒的貴格利(Gregory of Nyssa，約331～約395)；享有「金口」之譽的屈梭多模(John Chrysostom，約347～407)；並全力保衛亞歷山太地位的區利羅(Cyril of Alexandria，約370～444)。

b. 西方拉丁教父：支持亞他拿修維護三一神論的希拉流(Hilary of Poitiers，約315～約367)；被尊稱為「教會博士」的安波羅修(Ambrose，約339～397)；著作豐碩，譯成拉丁文聖經「武加大譯本」(Vulgate)的耶柔米(Jerome，約347～419)；西方教會最重要的神學家，影響後世基督教發展極為深遠的奧古斯丁(Augustine，354～430)；和積極強化羅馬教宗地位的利奧一世(Leo I，卒於461)。

4.2.2. 各地堂會的磨擦

在磨難時期，各地堂會雖有不同意見，但因彼此均無權無勢，只能在差異中互相包容，和平共存。基督教獲得執政者扶持後，情況立即變得複雜。被認許為正統、得政府接納的，可獲豐厚資助，擁有諸般優待，且可借政權之力打擊異己。相反，失勢的不獨無法得著認可宗教團體應有的權利和待遇，還有機會被判受罰，輕者要放棄立場、公開悔罪，重者會被流放邊疆，甚或受酷刑處決。為此，這時各派羣體均努力為己方爭取，這不單無法平息爭議，還使矛盾加劇。黨眾結盟進行權力鬥爭，持續不休的衝突，便成為此時期教會內部發展的一個重要特色。除原有文化用語、聖經詮釋、對外關係、教會行政等按性質的分類外，這時期的教會磨擦又可按影響範圍分成3類：

> i 由於此時的鬥爭勝負影響重大，矛盾衝突許多時已不再單純限於某一性質。神學教義、私人恩怨、羣黨福祉等不同因素，皆會一併混合考慮。因此很難再按性質分類。

a. 針對個人衝突：屬範圍最小的私人鬥爭，雖然有時會牽涉多人，但策動者和被害者主要為少數人物。例如屈梭多模對罪惡的嚴厲斥責，就惹來他敵人的嫉妒和惱恨，繼而陷害他，結果他雖廣獲擁戴，卻仍被人誣告入罪，遭放逐而客死他鄉。

b. 地區內部衝突：影響範圍集中某一省區，雖然也涉及區內主教間的不和，但未有提升至跨區主教長之間的層面。例如因與正統主教意見分歧而分裂出來的麥勒丟派(Melitians)和多納徒派(Donatists)，分別都只活躍在亞歷山太和迦太基兩個區域，雖然牽涉人數眾多，但影響範圍集中。

c. 教會彼此衝突：此為範圍最大、人數最多的紛爭，雖然觸發點可能只屬個別領袖，但影響卻延及廣大羣眾。例如羅馬和君士坦丁堡兩大主教經常互爭為大，表面上是二人衝突，然而當中又牽涉兩地教會整體羣眾的榮辱，和東西教會長久以來積聚的許多磨擦，牽連甚廣。兩位主教在為自己爭取之餘，同時亦是兩眾羣體的代表。

4.2.3. 不同異端的爭議

經過磨難時期200多年的辯論、商議，基督教會對正統思想基本上已有輪廓性的共識。他們肯定耶穌同時具有人性和神性，祂是全能神的獨生愛子，從童女馬利亞所生。然而教義的細節，如聖子的神性是否與聖父相同？人性和神性如何結合？都沒有確實定論。面對這超越人類日常經驗、非一般哲理推論所能理解的道成肉身事件，不少古人都嘗試尋求合理解說。他們的研究和辯論，豐富了基督教神學的內涵。然而，當中思想較極端、不為主流羣眾接受的，卻在爭議中成了被咒詛的「異端」。這些異端大致可分為3類，全部皆圍繞在耶穌基督的身份、本質和救贖的理解之上。

a. 神人二性謬誤：暗指耶穌不是完全的神或完全的人。前者以亞流主義(Arianism)為代表，他們認為聖子也是從無被造的，只是在太初以前最先造成而已，因此祂不是真神，其本質是可以朽壞的。後者則以亞波里拿留主義(Apollinarianism)為典範，他們認為基督在世為人時只有人類的身體和靈魂，而思想為聖道所取代，因此耶穌是個沒有人性思想的存有，與世人並非完全相同。

b. 神人結合謬誤：過分將耶穌的神人本質分離或融合。強調分離的一端有涅斯多留主義(Nestorianism)，他們認為道成肉身的基督擁有神和人兩個本性上獨立的位格，他們同時處於耶穌的身體之內，各自彰顯神性的權能和人性的軟弱。偏重融合的一端則有歐迪奇主義(Eutychianism)，他們主張基督的神性和人性在道成肉身裏完全結合，產生非神非人的第三性，由於神性遠比人性強，所以這結合而得的第三性是近乎神性。

c. 救贖成效謬誤：思考耶穌的救贖是否足以令人得救，還是仍需人自身的努力。4世紀末出現的伯拉糾主義(Pelagianism)，就認為人的本性並沒有因亞當犯罪而敗壞，相信人在基督以外仍有擇善能力；耶穌只為世人立下完美榜樣，基督徒必須以其自由意志努力行善，過聖潔生活，才可得救。隨後出現的半伯拉糾主義(Semipelagianism)，雖肯定神恩典的功用，但仍堅持人選擇向善是得救的首決條件，功德仍不可少。

異端思想	活躍年期	主要領袖	被判異端
亞流主義	約319～約361	亞歷山太長老亞流	325年尼西亞會議
亞波里拿留主義	約360～約381	老底嘉的亞波里拿留	381年君士坦丁堡會議
伯拉糾主義	約410～約431	愛爾蘭修士伯拉糾	431年以弗所會議
涅斯多留主義	約428～約431	君士坦丁堡主教涅斯多留	431年以弗所會議
歐迪奇主義	約448～約451	君士坦丁堡會吏長歐迪奇	451年迦克墩會議
半伯拉糾主義	約430～約529	君士坦丁堡修士迦賢努	529年奧朗日會議

4.3. 主教領袖的努力

對外環境的改善帶來強大福音需求，信徒人數增長促使教會努力承載，世俗風習衝擊原有的犧牲傳統。與此同時，不同範圍、性質的衝突磨擦，並一浪接一浪的異端思潮，都提示著巨大時代挑戰的存在，催逼當日的主教領袖起來回應。雖然教父的處事並非盡善盡美，但若沒有他們的奮鬥，基督宗教不會在西方屹立千年而不倒；雖然昔日的情境未必能在今日重現，但前人的成敗往往隱含寶貴的教訓，最少能提醒我們要隨時代更新變化，善用環境資源。

4.3.1. 傳道牧養的擴展

君士坦丁歸信，引發許多異教徒轉投教會。教父此時雖仍撰寫介紹基督信仰的著作，信徒仍積極以見證引人歸主，但由於主動加入教會者眾多，在對外宣教和對內教導兩者間，教會此時的重點明顯放在後者。他們努力闡明基督信仰的精義，培訓初信者作主門徒。根據現存史料，教會這時已發展出頗具系統的教理課程；雖然各地運作略有差異，但大致可分為3至4級。第一級為「初信者」而設，他們未經教化，有待雕琢；第二級為申請洗禮班的「始步者」，他們需要持續學道和行道，合格才可受洗；第三級為接受水禮前的預備班，學員被稱為「合格者」或「蒙照者」；最後第四級為「新教友」提供復活節期間的教導和訓勉。現存有不少此時期的教理作品可供參考，如奧古斯丁的《始步者要理教導》(*On the Catechetical Instruction of Beginners*) 和屈梭多模的《致蒙照者的要理教導》(*The Baptismal Catecheses to the Illuminated*) 等，內容包括聖經詮釋、教會歷史、教會制度和道德生活等，相當全面。

5世紀外族相繼入侵，佔領羅馬帝國不同地域後，宣教佈道、使異教徒歸化的工作開始變得重要。此時教會有不同類別的傳教活動：有地方信徒自發的，如帕提克 (Patrick，385～461) 主動將福音傳遍愛爾蘭，於該處受訓的修士科倫巴 (Columba，521～597) 續往蘇格蘭建立宣教基地，然後有傳教士如科倫巴努 (Columban，543～615) 等由此出發，將福音經法蘭西傳回意大利倫巴底人當中。有由君王帶動的，如法蘭克王克洛維 (Clovis I，約466～511) 就因妻子的感化而信主，激發高盧一帶多人歸信。此外亦有由教廷策動的，如羅馬主教貴格利一世 (Gregory I，約540～604) 於公元597年委任本篤修會的奧古斯丁 (Augustine of Canterbury，約卒於604) 前赴英格蘭傳教，成功帶領多人歸主，成為第一任坎特伯雷大主教。此後坎特伯雷很快便成為宣教基地，由此出發的波尼法修 (Boniface，約675～754) 更成功使大量日耳曼人歸信，成就驕人。這時的傳教工作雖然艱辛，但似乎相當成功，多個民族相繼歸主，使基督宗教繼續屹立於歐洲地土之上。

外族羣體	歸三年期	主要宣教人物
愛爾蘭人（Irish）	約432年	帕提克
高盧人（Gauls）：法蘭克人、勃艮第人	約496年	克洛維
蘇格蘭人（Scots）	約563年	科倫巴
英格蘭人（English）：盎格魯人、撒克遜人	約600年	坎特伯雷的奧古斯丁
日耳曼人（Germans）：哥特人、汪達爾人、倫巴底人	約720年	科倫巴努、波尼法修

4.3.2. 受苦修道的追求

在安穩落定時期，基督教會出現了一種席捲東西各地的現象——修道運動。自教會成立之初，信徒即有拒絕享樂，為主受苦的精神，這在磨難逼迫時期，於殉道者身上充分流露。基督教成為國家尊崇的宗教後，這種為主受苦的機會消失；與此同時，教會又有大量初信者帶著外邦思想和風習湧入，逐漸變得世俗化。傳統的受苦神學，昔日的殉道情結，並對世俗生活的排拒，驅使專注信仰的人尋求另類的宗教表達。碰巧此時有一些修道先驅如安東尼（Antony，251～356）等出現，展示苦修後的神奇力量，修道主義迅即成為許多熱心基督徒嚮往的生活方式，熱潮久久不散。

修道主義始於埃及尼羅河附近的沙漠，該處有許多洞穴可供居住。一般相信最早的先驅是號稱「沙漠修道之父」的安東尼，他採獨居式修道。雖然當時有極多慕名之士到他那裏要跟隨學習，以致生出「沙漠變城市」的形容，但他們主要仍是各自操練，甚少往來。回應眾多學習者的需求，採用共同修道規章的羣居式修院於四世紀上旬開始出現，最早期的推動者是帕科繆（Pachomius，292～346）。修道運動隨後於東方擴散，於小亞細亞、巴勒斯坦和敍利亞等各處流行。修士的名聲引起不少拉丁教父前來學道，耶柔米和迦賢努（John Cassian，約365～約433）是其中的表表者。他們將修道操練帶進西方，建立修院，訓練羣眾，使修道之風於西方各地盛行。

著名修士	活躍年代	活躍地區	主要成就
安東尼	3世紀末至4世紀初	埃及	創立獨居式修道。
阿撲	4世紀初	埃及	創立半獨居式修道。
帕科繆	4世紀初	埃及	創立羣居式修道。
馬加利	4世紀中	埃及	擴展半獨居式修道。
巴西流	4世紀中	小亞細亞	編成首份希臘文修道規章。
耶柔米	4世紀末	巴勒斯坦／羅馬	於羅馬宣傳修道主義。
迦賢努	5世紀初	高盧／英倫	於高盧、英倫島嶼推動修道。
坐柱西門	5世紀初	敍利亞	創立坐柱式修道。
本篤	6世紀初	意大利	編成通用拉丁文修道規章。

4.3.3. 大公會議的召開

為解決教內紛爭和異端困擾，並商討教會的體制發展，主教領袖早於磨難時期已經常召開會議，以尋求共識。由於基督教會分佈羅馬帝國各處，分隔遙遠，舟車不便，這些會議全屬地區性質，由當地首府名城的領袖，如意大利的羅馬、北非的迦太基、敍利亞的安提阿和埃及的亞歷山太等主教主持。在仍受逼迫的環境下，會議多不張揚。正因會議只屬地區性質，議決只有局部規範效能，不能應用於區域以外。不同地方的主教會議，可以訂立全然迥異的決議。這在逼迫期間並非全無出現，當時他們雖有互斥其非，但亦彼此包容。

基督教地位被提升後，教會的合一受到帝皇關注。君士坦丁統一全國翌年，第一次全國性大公會議在政府資助下於尼西亞 (Nicaea) 召開。雖然出席的主教大多來自東方，但亦有一些西方代表。會議除擬出著名的《尼西亞信經》，否定亞流主義外，還因應當時行政牧養需要訂定20項信條，成為協調教會運作的威權性標準。此後，多次大公會議相繼於不同地點召開，每次均針對時局訂下甚具約束力的重要議決，正視各方矛盾，判辨是非對錯，制訂信經信條。雖然大公會議的商討過程有時並不純正，當中或有權力鬥爭的成分，但卻是當時教會協調意見、解決紛爭、排拒異端的最主要、最有效、最終極途徑。

大公會議	召開日期	開會地點	會議主席	出席主教
第一次	325年	尼西亞	霍修斯（Hosius of Cordova，約257～357）	約300位
第二次	381年	君士坦丁堡	達瑪蘇一世（Damasius I，約304～384）	約150位
第三次	431年	以弗所	區利羅（Cyril of Alexandria，約370～444）	約200位
第四次	451年	迦克墩	安納托流（Anatolius，卒於458）	約370位
第五次	553年	君士坦丁堡	維吉流（Vigilius，卒於555）	約165位
第六次	680～681年	君士坦丁堡	阿加托（Agatho，約577～681）	約176位

4.4. 教義教制的確立

經過長久爭議、多次協商，基督教會此時逐漸發展出較統一的信仰立場，和較整全的架構制度。這些演進深深影響後世的基督教發展，有正面的延續，也有負面的反動：教義如三位一體等，直到今日仍為各地正統教會所持守；修道主義裏的操練傳統，留下許多寶貴的屬靈資源；但其中強逼獨身的規範，卻為宗教改革家所嚴斥；羅馬主教地位日漸高升，變成可獨攬大權，更是中世紀腐敗的重要禍根。

4.4.1. 事工人數的改進

雖說羅馬帝國並未因帝皇的信主而立時全國歸化，部分偏遠地方甚至過百年後仍沒有人歸信福音，但基督徒人數已明顯上升，大量初信者使教會忙過不停，應接不暇。帝國以外，教會向外族的宣教工作亦相當成功，異教徒成羣地改信福音，使基督宗教穩步擴展，逐漸成為雄霸歐洲全地的共同信仰。到公元600年，基督徒數目已升達總人口約87%，不少城市更差不多全城歸主，教會活動、教堂建築遍佈每一角落；上至國家政策、社會制度，下至日常生活、文化語言，無一不受基督信仰所影響。

在傳統教會制度以外，基督宗教亦有不同形態的發展。修道院於各地建立，帶來另類的信仰追求。初時這些修道羣體屬自發性質，不受地方教會監控，然而經過亞他拿修、巴西流、奧古斯丁等教父在牧養、教制和神學上的揉合和調節，修道羣體逐漸被納入建制以內，受主教差使，成為教會最重要的人力資源，許多艱苦的宣教、服侍工作皆由修士所承擔。此外，於以弗所會議被判為異端的涅斯多留派，則輾轉經波斯傳入中國，成為唐朝興盛一時的大秦景教。他們雖曾一度因逼迫於中原一帶消失，但卻於中國邊疆多個民族間活躍發展，後來更於元朝初年隨蒙古人回流。

唐朝大秦景教於中國流傳情況

……秦國大德阿羅本．遠將經像．來獻上京．詳其教旨．玄妙無為．觀其元宗．生成立要．詞無繁說．理有忘筌．濟物利人．宜行天下．所司即於京義寧坊造大秦寺一所．度僧廿一人．宗周德喪．青駕西昇．巨唐道光．景風東扇．旋令有司．將帝寫真．轉模寺壁．天姿汎彩．英朗景門．聖遺騰祥．永輝法界．按西域圖記及漢魏史策．大秦國．南統珊瑚之海．北極眾寶之山．西望仙境花林．東接長風弱水．其土出火綄布．返魂香．明月珠．夜光璧．俗無寇盜．人有樂康．非法景不行．主非德不立．土宇廣闊．文物昌明．高宗大帝．克恭纘祖．潤色真宗．而於諸州各置景寺．仍崇阿羅本．為鎮國大法主．法流十道．國富元休．寺滿百城．家殷景福……

呂秀巖：「大秦景教流行中國碑頌」

4.4.2. 正統信仰的定形

大公會議的召開使許多原來分歧的思想得到統一，被公認為正統的神學思想也隨之落定。經過不同異端的衝擊，多次全國性和地區性會議的商討，主教領袖基於道成肉身乃為拯救全人的理解，對耶穌的本質有以下幾點共識：

a. 神性完全：聖子在萬世之先為父所生，與父一體，是不折不扣的真神。惟一與父的分別，是父為萬物的源頭，而子則是被生的。

b. 人性完全：耶穌乃由聖靈感孕，從童女馬利亞懷孕而成肉身，祂是完全的人，有靈魂、身體和思想。與世人惟一的分別，是祂沒有罪。

c. 兩性保存：神人二性沒有因聯合而消失，各性的特質均得完整保存，沒有混亂，不相交換，同於道成肉身的基督之內。

d. 位格合一：兩性會合於一個位格之內，不能分開，不能離散。因此只有一位子，聖子升天後，上帝沒有變成四位，仍是三位一體。

除基督論外，當時教會對救贖的觀念也有一些共同立場。他們嘗試在神的恩典和人本身的責任間選取平衡，強調以下數點。由於這救贖觀念有藉善功得救的元素，並非因信稱義，因此遭宗教改革家摒棄。

a. 肯定人有原罪：始祖犯罪墮落使世人全都敗壞，自由意志被扭曲減弱，不能行善，也無力自救。

b. 肯定神的恩典：由於人的無能，得救必須始於神首先發動的恩典，使人可以選擇信神，重新有擇善能力。

c. 肯定人的責任：信主後人必須藉基督的幫助和同工，努力實行有助靈魂得救的善功，才可最終得救。

宗教改革家強調因信稱義，得救不在乎個人的善功行為，而是在乎恩典與信心。然而不論哪一派別，均認同德行乃基督徒所必需，只是非得救稱義的先決條件而已。

4.4.3. 教階制度的步近

磨難時期使徒統緒的高舉，雖能有效限制異端的發展，卻未能協調各地主教間的衝突。為解決問題，具層次的教階制度開始形成。自4世紀開始，各首府的省主教（Metropolitan）即被奉以高於省內其他主教的職權，可就重要議決作最終的認證或否決。而羅馬、亞歷山太和安提阿3大主教，則按傳統風俗有管理附近數個省分之特權，是當時教會擁有最高權威者。羅馬帝國遷都後，新首都君士坦丁堡的主教亦因所在城市的獨特地位而備受重視，獲與羅馬主教同等的崇高地位。基於種種原因，耶路撒冷雖為基督教的發源地，卻一直在該撒利亞省主教以下；其特殊身份到五世紀中才再一次受到肯定，得與前述幾位大主教齊名。這5大城市的主教分別管理帝國內不同範圍，獨立自主，然而彼此間亦非正式地稍有高下之分，順序為羅馬、君士坦丁堡、亞歷山太、安提阿和耶路撒冷的主教，他們後來皆被尊稱為「主教長」（Patriarch）。

主教長	正式授權年份	正式授權會議	管轄省份
羅馬	325年	尼西亞會議	高盧、意大利、西班牙
君士坦丁堡	381年	君士坦丁堡會議	本都、亞細亞、特拉吉亞
亞歷山太	325年	尼西亞會議	埃及、利比亞、彭他波里
安提阿	325年	尼西亞會議	腓尼基、阿拉伯
耶路撒冷	451年	迦克墩會議	巴勒斯坦

基於前述5區分立，這時期各教會的聚會情況，也按其所屬地區主教長的喜好、立場而略有不同。當然在細微事上，地方教會可以自由選擇，但主

要輪廓基本上仍以主教長的模範為本。根據現存史料，此時的聚會已甚有系統，有明確固定的程序：順序誦讀舊約書卷、新約書信和福音書的三代經訓已經出現；而主教、長老的勸勉，以及同守主餐，則仍居於聚會的中心位置。跟昔日相比，這時教會聚會的最重要分別，是擁有宏偉寬大的教堂。過往因怕遭受逼迫，信徒活動多不張揚，聚會場所傾向細小隱蔽；此時既再無受壓憂慮，又得政府資助興建，龐大的教堂便相繼落成。這些教堂多為長方形狀，講壇、祭壇在一方盡頭，地方足能同時容納數以千計信徒。

溫習及思考問題

1. 「安穩落定時期」基督教會的標記是甚麼？內文對這標記有何補充？
   標記：______
   補充：______

2. 教會地位升高的原因為何？升高的情況怎樣？

   ______
   ______
   ______
   ______

3. 試簡要說明基督教會此時有何外在和內在的挑戰？
   外在：______
   內在：______

4. 面對使異教歸化和牧養教導的需求，此時的教會有何行動回應？
   使異教歸化：______
   ______
   牧養教導：______
   ______

5. 此時各地堂會的磨擦有哪3類？與第三章提及的神學教義、私人恩怨、羣黨福祉等因素有何關係？

a. ______

b. ______

c. ______

與第三章所列因素的關係：______

______

6. 本文提及當時有哪3類主要異端？這些異端的立場與正統信仰有何分別？

a. ______

b. ______

c. ______

與正統信仰的分別：______

______

7. 修道運動因何形成？如何擴展？

______

______

______

8. 這時的教會如何解決堂會磨擦和異端困擾等問題？你認為他們成功嗎？這對我們今日有何提醒？

解決方法：______

______

結果：______

______

對今日的提醒：______

______

9. 你認為「安穩落定時期」教會的發展，在哪些方面影響現代教會最深？為甚麼？

進深閱讀書目

吳國傑：〈教父時期的教會與多元宗教處境：君士坦丁時期羅馬帝國基督教化進程再思〉。《山道期刊》卷五第一期（2002年6月），頁45～63。

黃孕祺：《教會史話》。香港：基督教會書室，1983。

Barnes, Timothy D. *Constantine and Eusebius*. London: Harvard University Press, 1981.

Frend, William H. Clifford. *The Rise of Christianity*. Philadelphia: Fortress, 1985.

第三部分

縱向主題研究

第三部分

第三部分

教會歷史研究可橫向宏觀某一時段的整體實況，巡覽其概要輪廓；也可集中某一主題，按時序檢視其於不同時代的發展。本書第三部分共有6章，採用的就是這種縱向主題研究。

為幫助讀者較整全地掌握初期教會的歷史進程，本書特意選取6個性質相異，廣泛涵蓋基督教不同範疇的主題，作較深入的討論。第五章「宣教擴展」針對基督教在不同時期人數、地域上的增長，屬外顯性、數量性的評估。第六章「屬靈傳統」的焦點則集中在基督徒羣體的信仰追求上，屬內心性、質素性的檢視。隨後一章將論題從情感轉到理智層面的「神學教義」，著重初期教會的主要神學爭議，分析較邊緣性的思想立場。相對地，第八章「正統權威」則專論主流羣體中，具權威之正典、信經、信條的落定過程。第九章「教會體制」雖同樣牽涉中央權威問題，但強調的不是抽象理念，而是現實的教會運作。這上層架構制度的討論焦點，在第十章「信仰生活」裏會移到下層廣大信眾的宗教生活。這六個主題代表著早期基督教的不同面貌，其關係可表達如下：

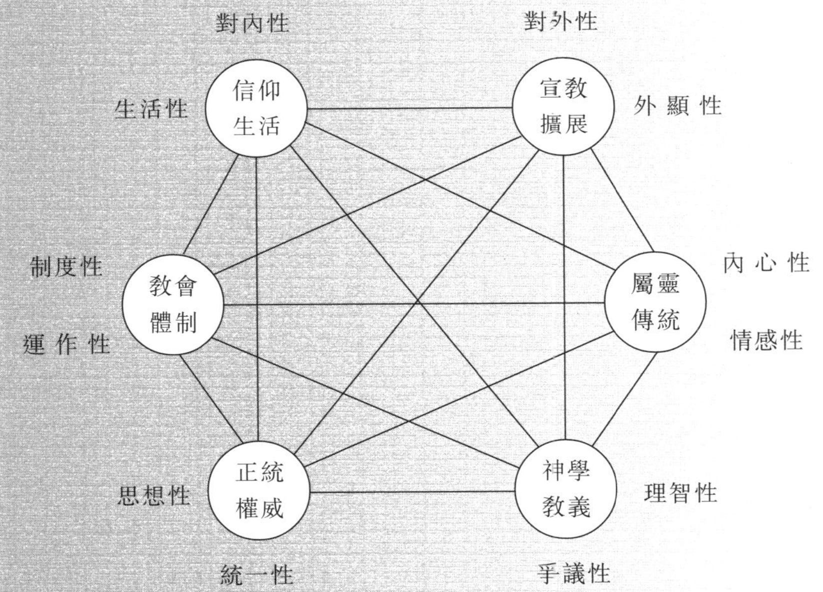

除相互分歧外，這些主題亦彼此關連。宣教擴展在不同語言、文化的羣體裏，會產生獨特的屬靈傳統；這傳統會影響人對基督教信仰的理解，從而產生不同見解，嚴重者會產生爭拗；神學爭議的結果，往往是權威性正統教義的確立，藉此遏止歧異思想的衝擊；正統權威很多時又與教會體制的建構同步，使所定的教義得以維持，能具體落實；這制度的發展無可避免地會影響教會信眾的宗教生活，導引他們作相應的信仰表達；而廣大信徒的生活見證，反過來又是宣教擴展的重要元素。可以說，這六個主題是既不同又相關，因此，本書雖將各主題獨立講論，但讀者亦可嘗試將他們連結起來，一併思考，如此將必得益更大，了解也會更為透徹全面。

宣教擴展

基督教在初期教會短短數百年間，由備受逼迫、信徒人數稀少的地區教派，快速躍升成為羅馬帝國惟一認許的國教，教堂遍佈歐、亞、非三洲地中海沿岸各處，許多城市均有過半人口歸信基督。此種成就實有其獨特的本質與處境，非一般宗教所能及。本章專注探討基督教的宣教擴展，嘗試就其人數和地域上的增長情況，作出較詳盡中肯的評估。此時，基督教的發展主要仍集中在羅馬帝國，雖然福音信仰在這時期亦曾傳達其他地域，如波斯、印度等，但由於資料太過零散，實際數字無法確定。因此，本章除了末後順道提述唐代或以前福音入華的概況外，會將焦點集中在羅馬帝國之內。

5.1. 羅馬帝國的擴展

若說某國有基督徒一萬，這數字有何意義，是多還是少？若該國只有2萬人口，就代表國內兩個人中就有一個是基督徒，比率可觀；但若人口是一億，那就意味平均1萬人中才有一個相信耶穌，數目少得可憐。因此，要準確掌握早期基督教會的發展，就必須對當時帝國內整體社會實況，特別是人口總數和邊界擴張等，有所了解。

5.1.1. 地域邊界的轉變

羅馬帝國原為一個細小的聯邦，約於公元前510年成立。直到公元前218年，其國境仍只有意大利半島這小片土地，面積不足30萬平方公里。此後羅馬軍人連連征戰，將佔領所得土地劃為不同省份，版圖不斷擴張。他們先後向東攻佔亞細亞、敍利亞和居比路，向南跨越地中海奪取北非的迦太基，向西延伸至西班牙盡頭的大西洋，向北盤據屬現今法國的高盧。公元前27年，羅馬帝國正式成立，原有的聯邦體制改由單一君主獨力統領，首任皇帝就是聖經曾提及的該撒亞古士督。此後羅馬帝國繼續擴張境界，埃及、日耳曼、加帕多家、不列顛、亞米尼亞、米所波大米、北阿拉伯等地區相繼被納入羅馬版圖，使之成為該區空前巨大的帝國，面積超過700萬平方公里。

有關羅馬帝國不同時期的版圖，可參網頁The Roman Empire（http://www.roman-empire.net/maps/map-empire.html）所提供的地圖。

羅馬帝國版圖於公元2世紀初開始達至顛峯，此後時有地區劃分離去，又有地區劃歸國內。雖然邊界常有變更，但整體總面積變化甚微。這情況一直延續，直到5世紀初邊疆外族相繼入侵。此時東羅馬帝國版圖雖得保存，但西羅馬則被瓜分。到5世紀末東哥特人攻佔意大利，並接收元老院後，西羅馬帝國可謂已完全消亡。雖然東羅馬皇帝猶斯丁年（Justinian I，483～565）勵精圖治，於六世紀初努力奪回意大利、北非等地，但他後繼無人。短短約40年後，猶斯丁年死後不久，意大利又為倫巴底人所奪，且長久被他們統治，達數個世紀之久。曾經盛極一時的西羅馬帝國，只有在200多年後由羅馬主教利奧三世（Leo III，卒於816）創設的「神聖羅馬帝國」（Holy Roman Empire）觀念中，象徵式地延續。

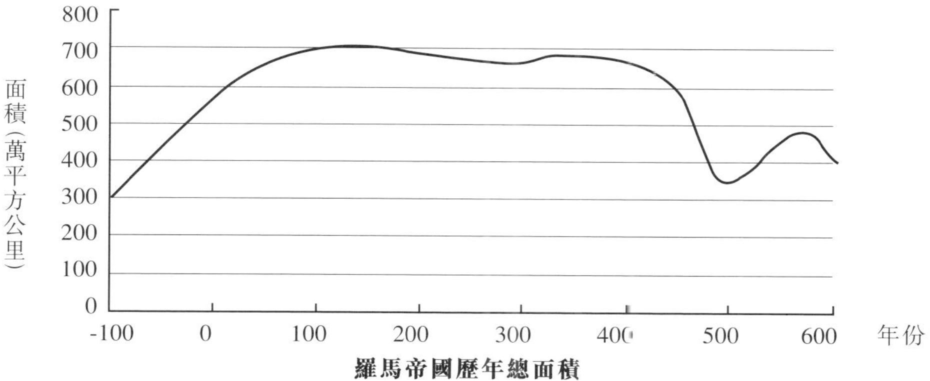

羅馬帝國歷年總面積

5.1.2. 全國人口的分佈

雖然羅馬帝國曾進行多次人口普查，但由於調查的基準時常變更，有只數算成年男士，有只限於約佔總人口十分一的羅馬公民，有包括所有自由平民，也有連奴隸也計算在內，因此數字時起時落，對照並不容易。根據學者分析，若包括所有階層，使徒時代羅馬帝國的總人口約有4,500萬，佔當時全球約15%。此數字於2世紀中升至高峯，達到6,500萬；若計算帝國週邊外族，人數更可能倍增。在公元170年奧熱流執政期間，歐洲經歷巨大瘟疫，帝國人口驟降至4,000萬左右。隨後接二連三的戰禍動亂，使人數增長緩慢；到四世紀初君士坦丁統一全國時，全國總人口才達5,500萬。在往後數個世紀裏，羅馬帝國大部分時間皆分東西兩國治理；接連的饑荒、天災與戰禍，嚴重打擊西方增長；6世紀的瘟疫，奪走性命無數，使帝國人口減半，羅馬城更有90%市民喪生或遷離，剩下的不足10萬。

最大問題是羅馬的人口普查很多時並不會聲明其調查基準，學者惟有按其數字推斷。例如公元前70年有記錄羅馬公民共91萬，公元前28年數字則達406.3萬，如此升幅比往後任何時期都大。因此許多學者均相信前一數字只包括成年男性，後的則連婦女和孩童也計算在內。類似情況屢見不鮮。

分佈方面，雖然羅馬帝國早有城市建立，但當時大部分國民仍散居各地的農村鄉鎮，在城市生活的，只佔總人口20～30%。估計在1世紀中期，大部分城市人口仍不足10萬；較著名的如哥林多、撒狄、迦太基等，人口也只得10～12萬。全國最大的幾個城市，安提阿有15萬人，以弗所約20萬，亞歷山太約40萬；就是全國最大的首都羅馬也只得75萬。在2世紀中的6,500萬國民裏，約4,600萬住在郊區，全國城市居民合計只1,900萬。瘟疫戰亂對城市的打擊比農村巨大，君士坦丁時期的5,500萬國民中，鄉鎮農民數目只微跌至4,200萬，城市居民則銳減至1,300萬。在最初幾個世紀裏，東西兩地人口數量相近，分佈平均；5至6世紀西方出現的嚴重瘟疫和頻繁的外族入侵，使該地居民大減，在此消彼長的情況下，東西方人口逐漸變成六四之比。在6世紀末西方首都羅馬城人口跌至不足10萬時，東方首都君士坦丁堡仍保持有近100萬居民。

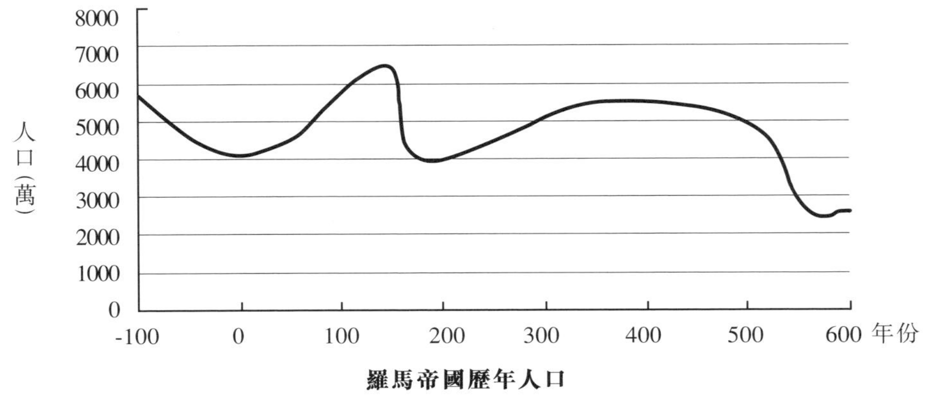

羅馬帝國歷年人口

5.2. 先驅困苦的宣教

主耶穌被釘十架離世後，追隨者大部分皆分散離去。雖然許多均像以馬忤斯路上的兩個門徒一樣，仍懷念著耶穌的大能宣講和奇妙神蹟，但他們始終仍是向外他往，對婦女們所作關於耶穌復活的見證半信半疑，因經歷與主同行而折返耶路撒冷的，已知的只有這兩人。剩下的門徒大都在惶恐之中，聖經記載當時他們所在的地方「因怕猶太人，門都關了」(約二十19)。這時聚集的信徒數量不多，除十一位被特別選召的使徒外，只有幾位忠心的婦女，當時是否尚有其他追隨者留下，已無法稽考。

5.2.1. 早年宣教的努力

雖然主耶穌早年曾於巴勒斯坦各省傳道，但所傳的並未包括祂代贖、復活和升天的信息。歷代先賢普遍認同，基督教會乃始於五旬節聖靈降臨，時約公元30～33年。此時門徒都聚在耶路撒冷，聖靈使他們用別國的鄉談，講說神的作為，五旬節的宣講頓時成了跨民族的佈道會。此後信徒都聚在耶路撒冷，凡物公用(徒二43～47，四32～35)。福音首次真正向外流傳，是因司提反殉道後的逼迫而來。當時「除了使徒以外，門徒都分散在猶太和撒瑪利亞各處」(徒八1)。藉著腓利等人的宣講，大量撒瑪利亞人聽信福音，彼得和約翰前往為他們禱告，使他們也得受聖靈(徒八)。很快，福音已傳到較北的大馬士革(舊譯「大馬色」)，以致掃羅要往那裏去捉拿基督徒(徒九1～25)。哥尼流一家的歸信，開創外邦人領受聖靈的先河，從此福音不再限於猶太羣體之中(徒十1～48)。隨後保羅的3次宣教旅程，使基督信仰傳至加拉太、馬其頓、亞該亞和亞細亞等各省。

> 五旬節當日聚集聽道的，可以說來自四方八面，包括帕提亞、米底亞、以攔、米所波大米、猶太、加帕多家、本都、亞細亞、弗呂家、旁非利亞、埃及、利比亞、羅馬、克里特和亞拉伯(徒二9～11)，我們很難妄言福音已經由這些人遍傳各地，但他們歸回本鄉後，也許會為所見所聞略作見證。

根據羅馬書，百基拉和亞居拉等人此時亦在羅馬成立了教會，在他們家裏常有聚會(羅十六3～5)。除聖經的記載外，根據早期歷史文獻，當時亦有其他使徒和領袖，將福音傳抵埃及、奧斯霍恩和印度等地。然而，福音雖遠近傳播，但由於基督徒依然稀少，大多數聚會仍集中在東方的城市之中，實際有教會活動的地域非常有限。

踏入磨難時期，福音逐漸向羅馬帝國的邊境四方傳流。到2世紀末，敘利亞和羅馬之間幾乎所有省分都有教會，位處北方邊境的高盧也有教會設立。在3世紀，教會積極將福音向西傳播，不久西班牙和不列顛等偏遠地區也相繼有教會成立，數目且愈來愈多；到3世紀末，幾乎整個羅馬帝國所有主要城市均有教會活躍。除城市外，福音此時亦開始傳到週圍農村鄉鎮；2世紀初負責北土耳其的羅馬行政官員皮里紐上報指出，基督教「這迷信好比傳染病一樣，不單存在於不同城市，也出現於鄉鎮之中」（皮里紐：《書信集》10.96.9）。然而福音未及之地尚有許多，例如巴勒斯坦的迦薩，到公元285年前仍未見有基督徒存在的蹤影。至於民族方面，從初期教父愛任紐的著作中，可以得知教會在2世紀末已廣泛採用不同語言，如希臘語、塞爾特語、日耳曼語等，四處傳道；他且認同當時許多人的體會：「前來歸信的有來自不同民族習慣的人，歸信後他們都和諧合一地同心行義。」（愛任紐：《反駁異端》5.33.4）顯示福音已於不同民族間流傳。

教會情況	1世紀末	3世紀末
範圍	主要留在東方城市，西方只有羅馬。	已廣及帝國邊境城市，但非處處都有。
地域	分佈相當疏落，極少傳到農村鄉鎮。	已滲入鄉郊，但大部分仍屬未得之地。
民族	信徒來自不同民族，但數目很有限。	已遍及多個民族，但仍有未聞福音的。

5.2.2. 信徒人數的擴張

基督信仰雖在地域上傳播甚廣，但人數卻只能逐步增長。聖經記載主耶穌復活時，曾一時「顯給五百多弟兄看」（林前十五6）；使徒選舉馬提亞接替賣主的猶大時，也有約120人聚集（徒一15）。可以推斷，五旬節前跟隨主的最少已有數百門徒。聖靈降臨當日，經過彼得等人以各地方言宣講後，門徒劇增約3,000（徒二41）。此後基督徒人數不斷上升，到不久後長老、文士捉拿彼得、約翰時，男丁數目約已增到5,000（徒四4）。根據羅馬歷史學者老皮里紐（Pliny the Elder，約23～79）的記載，在公元75年時基督徒數目已達3萬，這數字相信只包括聚居巴勒斯坦和埃及地區的教會羣體，實際人數也許要多一倍。雖然教會增長迅速，但相對於羅馬帝國1世紀末的千萬人口，基督徒數目只佔0.1～0.2%。

雖然面對諸般逼迫，基督教會於磨難時期仍穩步增長。2世紀末、3世紀初身處北非迦太基的特土良，指出當時基督教已廣獲市民大眾認識，基督徒更在許多城市成為主流。然而，這見證應只反映北非一些城市教會的獨特情況，也許部分東方城市如亞歷山太等也有類似現象，不過農村鄉鎮和西方地區就肯定不會如此興旺，資料顯示有些偏遠地域，此時甚至連一個基督徒也沒有。早被教會羣體視為重點傳道地方的首都羅馬，到3世紀中才有聖職人員155位，推算約有信眾3～6萬，佔全城人口只3～6%。考慮到佔國民總數70～80%的農村村民普遍較為保守，信徒比例遠較城市遜色，可以推斷全國平均數字會比羅馬城更低。參考各現存數據，筆者估計公元200年基督徒只佔總人口約1%，260年有2%，到313年君士坦丁頒下「米蘭諭旨」時，信徒比例才升至4%，約220萬人。

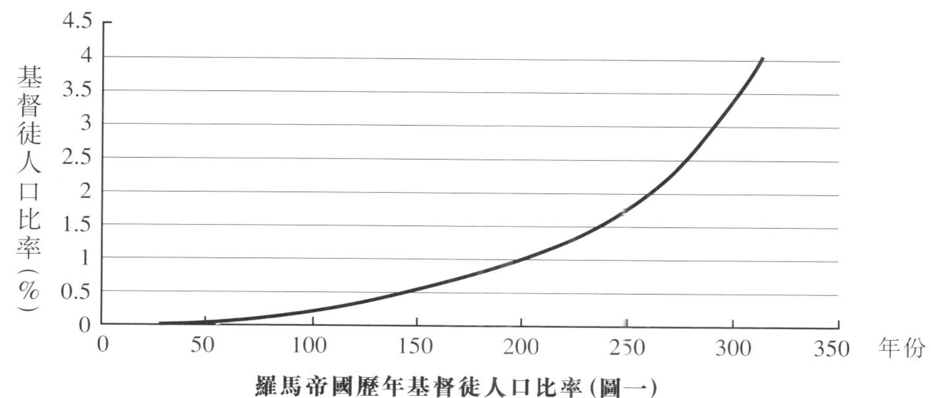

羅馬帝國歷年基督徒人口比率(圖一)

5.3. 安穩時期的發展

基督教在磨難時期的增長雖不算快，也不算慢。無可否認，君士坦丁大帝的歸信，和隨之而來教會地位的提升，確實消除不少人對接受基督信仰的疑慮，有助福音的廣傳。4世紀的基督徒增長率，明顯比前3個世紀快。然而，不可忽略的是當時異教勢力依然強盛，基督宗教雖得帝皇政權偏好，也難在一時之間改天換日；種種歷史資料顯示，教會需要經過越百年的漫長努力，才能逐步將信徒比率提升至與傳統希羅異教相若的水平。

5.3.1. 回應時代的傳道

羅馬人對神明宗教的觀念，主要是對上天保守能力的尋求；幫助己方的神明，不論由何處引進，不論能力如何，皆愈多愈好。因此，羅馬人並無中國人那種忠心持守先祖傳統的強烈信念。自公元前204年開始，羅馬軍兵即大量地將各地被他們打敗國家的神像送回故土供奉，當中包括主管生養的大母神(Magna Mater)、加帕多家女神區伯利(Cybele)、古埃及女神伊西斯(Isis)、波斯光明神米特拉(Mithra)、敍利亞女神亞他吉特(Atargatis)和巴勒斯坦繁殖神巴力(Baal)等。君士坦丁成功打敗強敵馬森丟，證明基督教的神明能力強大，因此也理所當然地能吸引羅馬人供奉。他們接受基督信仰的最大難處，不是要敬拜耶穌，而是要放棄所有原來供奉的異教神明和傳統敬拜模式。雖然歸信過程會有一定掙扎，但基督信仰此時的吸引力始終較以往巨大，教會能滲透的地方也愈來愈廣。

到公元4世紀末，基督教會已遍佈帝國每一省分，尤其在東部地區，多個城市更有過半人口歸化成為基督徒。然而，尚未接受福音的城市鄉鎮亦有不少。5世紀中召開的迦克墩會議，有一位名為但以理(Daniel)的，被選立為「外邦城市的主教」，顯示當時仍有城市尚未接受基督教信仰。在埃及重要城市俄西林古(Oxyrhynchus)幾乎全市人民都歸信耶穌之時，同省的安提普利(Antinoopolis)和赫母普利(Hermopolis)附近的農村仍全是異教徒。基督信仰在西方的傳播比東方更慢。資料顯示4世紀末不列顛的教會無論在人數和質素上均相當微弱，相反異教廟宇卻有繁盛的敬拜活動。高盧、西班牙和北意大利亦有類似情況，除區內部分城市外，大部分地方均未見福音傳播。有學者更直言，指基督教真正傳入西方的農村鄉鎮，要到5世紀中才正式開始。事實上，有些較偏遠的島嶼如撒狄尼亞(Sardinia)等，直到6世紀末仍未有居民歸信，以致羅馬教宗要特意寫信要求政府和教會努力向他們傳道。基督信仰在這時期在地域上的擴散，因外族的相繼入侵而變得更為複雜：原來已歸化的地區可因未信外族的進佔而變回未得之地，傳道工作又要捲土重來。雖然早於5世紀已有入侵外族如愛爾蘭人等開放聽信福音，但亦有民族如倫巴底人等到7世紀末仍未被歸化。總體來說，羅馬帝國的基督化是一個漸進耗時的過程，此時福音的傳播雖比前方便有效，但亦非一帆風順，相互攔阻挑戰從未休止。

教會情況	4世紀末	6世紀末
範圍	未聞福音的東方少許，西方有較多。	只有少許西方偏遠地區仍屬未得之地。
地域	許多西方的農村鄉鎮仍然未聞福音。	絕大多數農村鄉鎮已有基督福音傳入。
民族	入侵的外族大部分均尚未接受福音。	有相當部分的外來民族已經聽信福音。

5.3.2. 信眾人數的改變

君士坦丁兒子的教師拉克單丟（Lactantius，約240～約320）約在公元310年宣稱，東方已有一半人口成了基督徒。過往有不少教會人士以為，君士坦丁歸信後不久，羅馬帝國即完全被基督化。然而現代對有關歷史資料的研究，卻展示出另一幅圖畫：羅馬人歸信耶穌的速度，並非如想像中快，相反異教敬拜依然持續，久久未止。巴勒斯坦迦薩的新主教在公元395年上任時，聚集迎接他的基督徒只有204人；當時城中只有2間小教堂，卻有8間公開讓人參拜的異教廟宇。401年的迦太基會議清楚指出，異教崇拜在當時仍然興盛，以致皇帝要下令拆毀神殿，但實際是否能落實執行，就難以查證。雖然羅馬政府在4世紀末以律法規定獨尊基督宗教，排拒傳統希羅異教，但異教崇拜一直難以止息。羅馬和米蘭兩個意大利最大的城市，基督徒人數到5世紀初才逐漸迫近異教徒，以致他們有實力去為自己爭辯。在亞歷山太，異教徒到5世紀末仍有足夠力量發起騷亂，與城內的基督徒對抗。事實上，異教崇拜到6世紀初依然持續，以致執政者要強行封閉神殿，囚禁祭司，以遏止其發展。

綜合不同史料線索，這時期的教會發展跟磨難時期類似，有兩個主要特色：人口密集的城市歸化基督教比農村鄉鎮快，而教會在東方的發展亦比西方成功和迅速。在4世紀末，東方城市和鄉鎮的基督徒比例分別約為35%和12%，西方則為18%和3%，以城市人口約佔30%計算，全國基督徒平均比率約只有13%。到5世紀末，東方城市和鄉鎮比例已升至98%和50%，西方則有80%和8%，平均得49%。這些數字持續上升，東方的基督徒比例到6世紀末已達98%和85%，而西方也有97%和80%，全國平均87%。可見全國基督化是一個漫長的過程，要經歷數百年才能完成。

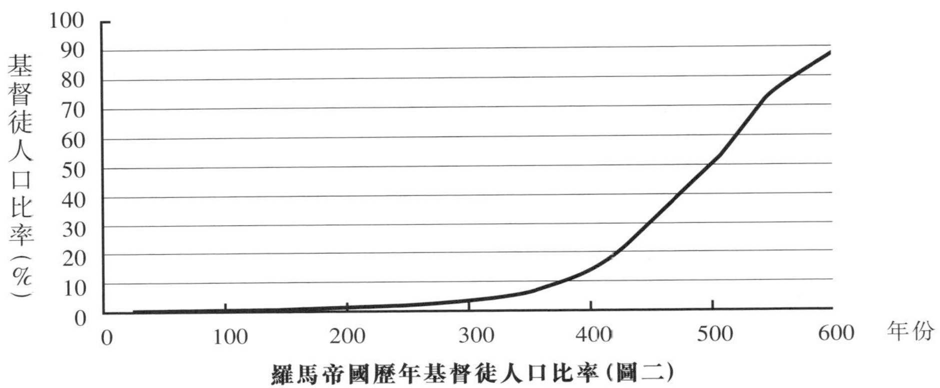

羅馬帝國歷年基督徒人口比率(圖二)

5.4. 福音入華的努力

在福音於西方羅馬帝國傳播的同時，早期的教會領袖亦積極前往外地宣教傳道。對華人基督徒來說，最關切的相信是這時期福音入華的情況。長久以來，基督教在中國均被冠以「洋教」的稱號，被指為外國列強於19世紀欺壓腐敗的滿清政權時，順道傳入的西化思想。然而若研究歷史，即會發現早於漢朝已有信徒將福音帶進中國，基督宗教且曾於唐代一度興盛，其歷史絕不亞於同屬外地傳入的佛教，比現今雄霸中國政壇的共產思想更早超過1,800年。

5.4.1. 早年來華的足迹

論到基督教的入華事蹟，許多人都只從唐朝的景教開始。然而若細看歷史證據，將會發現福音傳入中國的實際時間遠比之早，只是資料較零散不全而已。據說印度基督教派馬拉巴（Malabar）教會藏有一本《迦勒底祈禱書》，內稱中國人得聞福音，乃出於使徒多馬之力。董健吾譯的《中國基督教四大危急時期》，則稱率先來華的是另一位使徒巴多羅買。意大利旅行家馬可勃羅（Macro Polo，1254～1324）在他的遊記中，指他在福州發現當地有些基督徒，其信仰源自古遠的先祖。在他們的祠廟中有3幅畫像，據稱是耶穌70門徒中的3位。據天主教法藉北京主教樊國梁（Alphonse P. M. Favier，1837～1905）的《燕京開教略》記載，公元65年尼祿虐殺基督徒，70年耶路撒冷被毀，基督徒四處逃難，當中有部分來到東方，僑居中國。這些資料雖難逐一查證，但都指向同一事實，基督教早於漢明帝永平年間傳入，這見解某程度亦可得古代石刻畫像的印證。2004年7月國內《揚子晚報》報導，中國基督教協會常務委員、基督教神學教育教授汪維藩，在徐州漢畫像石藝術館珍藏的漢畫石刻中，發現一批東漢的畫像石刻，內有聖經故事如「魔鬼引誘夏娃」和「五餅二魚」等，並有早期的基督教圖案。經測定，當中部分畫像石刻鑿於公元86年東漢元和年間。

其他基督教在唐朝以前入華的證據尚有不少。李文彬在他的《中國史略》中記載，在公元220年前的東漢時代：「曾有兩個敍利亞教士到過中國。他們到中國來，表面上是為了要學習養蠶治絲的方法，把蠶子帶回歐洲起見，可是他們的本意，乃是傳教。」明朝《劉子高詩集》和《李九功慎思錄》均記載明朝洪武年間，江西廬陵掘得大鐵十字架一座，上鑄赤烏年月，即公元238～250年三國時孫吳年號。鐵十字架上鑄有一副對聯：「四海慶安瀾，鐵柱寶光留十字；萬民懷大澤，金爐香篆藹千秋。」暗示基督教在三國時代經已傳入中國。19世紀法國天主教來華傳教士古伯察（Évariste-Régis Huc，1813～1860）在《基督教中國傳道史》（*Christianity in China Tartary*）中亦指出，在公元411～415年西流基（Seleucia）主教阿奇亞（Achaues）劃定教區時，已把中國和印度包括在內。種種迹象顯示，基督教在唐朝以前早已傳入中國，惟當時的信徒羣體比較勢孤力弱，對後世教會發展影響甚微。

5.4.2. 唐朝景教的發展

基督教早年傳入中國，最確實的史蹟莫過於唐朝大秦景教的盛行。1625年明熹宗天啟五年，「大秦景教流行中國碑」在西安出土，隨後多部景教經典如《尊經》、《三威蒙度讚》等相繼在敦煌石窟被發現。此後，景教來華即廣受關注，引來許多研究。景教原為西方5世紀被判為異端的涅斯多留派，後傳入波斯並獲得禮遇，遂在該地扎根發展。公元635年唐朝貞觀九年，教士阿羅本(Alopen)帶同經書到達長安，得唐太宗厚待；貞觀十二年，太宗下詔准許在京師義寧坊建寺，成為景教之始。

> 「大秦」即羅馬，「景教」指光明正大；碑文解釋「真常之道、妙而難名、功用昭彰、強稱景教」。由於景教乃自羅馬經波斯來華，因此又稱「大秦教」或「波斯教」。

景教在唐朝初年一直獲得帝皇恩待，發展迅速，阿羅本更獲高宗封為鎮國大法主。碑文有云「法流十道、國富元休、寺滿百城、家殷景福」，可見景教當時已遍傳各地。雖然武則天於公元684年奪取帝位，獨尊佛家，打壓景教，但712年玄宗登位後不久即恢復對景教的尊崇，給予優厚待遇。隨後的肅宗、代宗和德宗等均取相同立場，重建景寺、賜封厚禮、立碑頌揚。景教在華安穩百多年後，公元845年武宗會昌五年，皇帝聽信道士趙歸真、劉玄靖等人之勸，發出滅佛詔諭，而景教、祆教等外來宗教亦受到牽連，慘遭禁絕。受禁過程似乎相當殘酷，數以千計寺院被毀，數以萬計教士僧侶被殺，其餘的有被逼還俗，也有被強收為奴為婢。此後唐朝政局持續動盪，景教已無法再次興起。唐朝末年經歷黃巢之亂的衝擊後，景教幾乎已完全在中原消失，只有在北方邊疆胡人中間繼續存留。

唐朝的三一頌：大秦景教《三威蒙度讚》

無上諸天深敬歎	大地重念普安和	人元真性蒙依止	三才慈父阿羅訶
一切眾善至誠禮	一切慧性稱讚歌	一切含真盡歸仰	蒙聖慈光救離魔
難尋無及正真常	慈父明子淨風王	於諸帝中為帝師	於諸世尊為法皇
常居妙明無畔界	光威盡察有界疆	自始無人嘗得見	復以色見不可相
惟獨絕凝清靜德	惟獨神威無等力	惟獨不轉儼然存	眾善根本復無極
我今一切念慈恩	歎彼妙樂照此國	彌施訶普尊聖子	廣度苦界救無億
常活命王慈喜羔	大普耽苦不辭勞	願赦羣生積重罪	善護真性得無繇
聖子端在父右座	其座復超無量高	大師願彼乞眾請	降筏免使火江漂
大師是我等慈父	大師是我等聖主	大師是我等法王	大師能為普救度
大師慧力助諸羸	諸目瞻仰不暫離	復與枯燋降甘露	所有蒙潤善根滋
大聖普尊彌施訶	我歎慈父海藏慈	大聖謙及淨風性	清凝法耳不思議

溫習及思考問題

1. 試在下列圖表上標示每次地域面積上升和下降的原因。

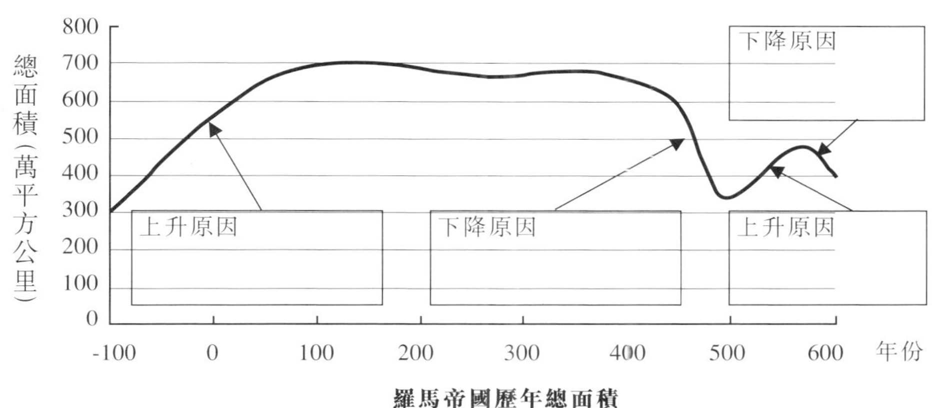

羅馬帝國歷年總面積

2. 試在下列圖表上標示每次帝國人口轉變的原因。

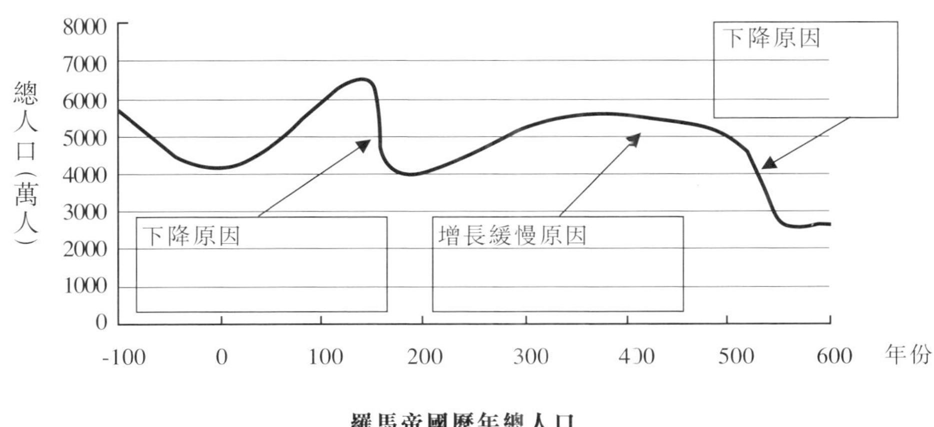

羅馬帝國歷年總人口

3. 試根據課文所列資料，評估各時期福音遍佈地域佔全羅馬帝國的面積比例，並在下方將結果繪製成圖表。

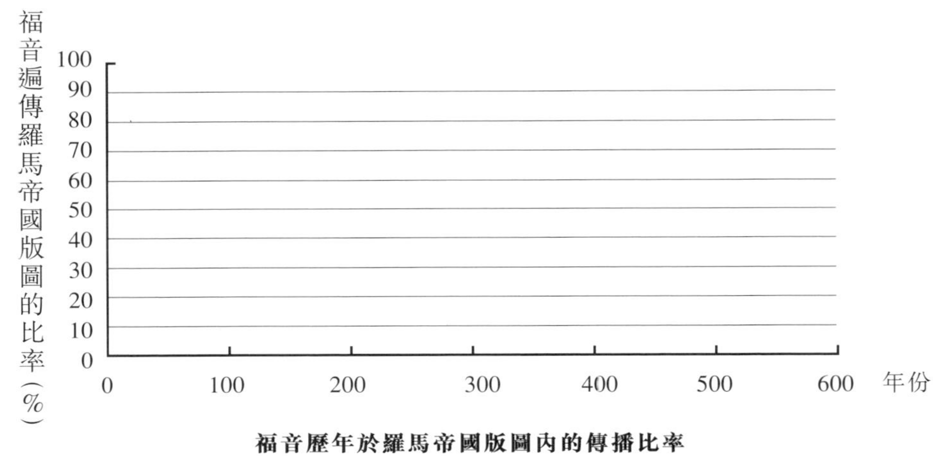

福音歷年於羅馬帝國版圖內的傳播比率

4. 下圖標示了基督徒的人口比例，請另外加上四條線，分別代表東方城市、東方鄉鎮、西方城市、西方鄉鎮的人口比率發展。

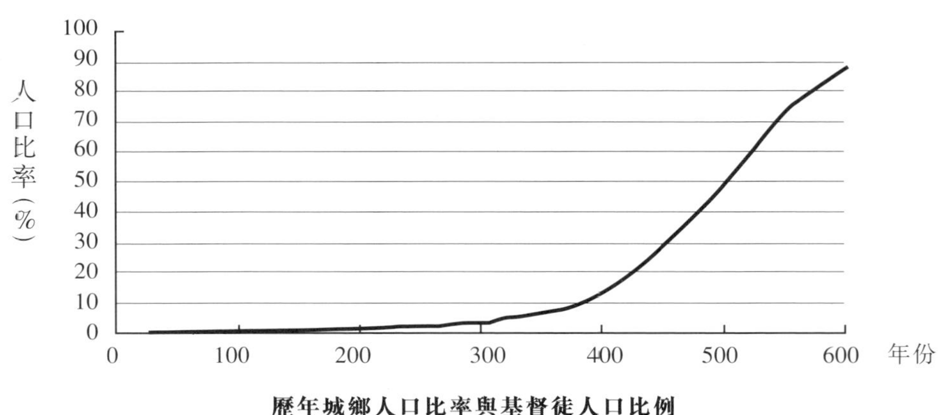

歷年城鄉人口比率與基督徒人口比例

5. 若有人說「基督教只是洋教」，你會如何回答？

____

____

6. 基督宗教成為今日全球第一大宗教，實經許多世代的持續努力才成。初期教會在地域上的擴張和人數上的增長，對你有何啟發與提醒？

____

____

進深閱讀書目

吳國傑：〈教父時期的教會與多元宗教處境：君士坦丁時期羅馬帝國基督教化進程再思〉。《山道期刊》卷五第一期(2002年6月)，頁45～63。

羅香林：《唐元二代之景教》。香港：中國學社，1966。

Hazlett, Ian. *Early Christianity: Origins and Evolution to AD600*. London: SPCK, 1991.

Yates, Timothy Edward. *The Expansion of Christianity*. Downers Grove: IVP, c.2004.

屬靈傳統

基督教有源遠流長的屬靈傳統。雖說昔日的殉道情操，今日在大多數國家中已難重現，但捨己精神仍為廣大教會所重視，在部分信仰受轄制的地區更常有人為信仰而犧牲。雖說默觀操練多為天主教羣體所強調，但基督教亦重視與神靈交，鼓勵信眾多靈修，定時讀經祈禱；許多教會更時常舉辦退修活動，以幫助肢體追求靈命長進。今日華人教會的許多屬靈傳統，皆直接或間接地源自初期教會。研讀往昔先賢的認真表現，不單能激發對屬神事物的追求，還有助加深對各類靈修操練的理解，使信仰生活更顯充實。

有關昔日屬靈傳統於今日存留的面貌，可參吳國傑：〈基督教屬靈傳今釋〉，《今日華人教會》總242期，2004年4月，頁15~17。

6.1. 使徒教會的根基

初期基督教一直重視傳統。雖然整全的新約經目要到4世紀才初次出現，但使徒對耶穌生平的見證，和他們的著作言訓，一直都是後世教父領袖信仰教導的基礎。每當教會出現神學爭拗，使徒留下的文獻皆會被拿來作為鑑別對錯的權威。他們對信仰追求的解說，自然也成為塑造歷代屬靈傳統的最關鍵元素。雖然二千年的教會歷史裏曾出現多個不同的屬靈表達模式，但每個均在一定程度上能追溯到聖經的教導，初期教會的屬靈傳統當然也不例外。

「第二聖殿時期」是指由公元前516年猶太人投入重建聖殿，直到公元70年聖殿被毀為止。這時猶太人面對一個大不如前的敬拜中心，遂將專注放在持久不變的律法之上。

6.1.1. 屬靈信念的根源

使徒本身皆是猶太人，深受第二聖殿時期強調持守律法的希伯來傳統影響；然而當時他們又被羅馬政權管治，各地希羅哲學流行，這些外邦思想對在大數接受教育的保羅影響尤深。當然，他們對信仰追求的認識，很大程度上仍是在幾年跟隨耶穌的過程中逐步體會。因此，塑造使徒教會時期的屬靈觀，主要有以下3方面元素：

a. 猶太傳統的操練：猶太教以民族血緣為獲取救恩的先決條件。然而他們亦強調緊守律法，順服神的命令：虔守安息日，各往會堂聚會；禁戒污穢，遠離俗人俗物，保持聖潔；在聖殿獻祭，單單敬拜事奉耶和華。雖然新約教會並沒有事事跟隨猶太傳統，但他們對耶穌的認識大部分是從舊約而來，基督教會的許多思想習慣，如主日的聚會、聖潔的追求、捨己的順服等，皆可說是從猶太傳統轉化而成的。

b. 希臘哲學的追求：希臘哲學強調屬靈知識。他們普遍認為現實物質世界虛幻多變，真相是屬天而不可見的。人要努力取得靈知，才能超越現世幻象，進入永恆的真理美善之中。要獲取靈知，除了人本身要有良好的天賦智慧外，還要有正直道德的生命，以煉淨靈魂，去除物質世界的干擾。因此，他們普遍有棄絕世俗享樂的苦修表現。這種對屬靈知識的追求後來為東方教會所承接，而禁慾苦修亦於基督教的修道操練中發揚光大。

c. 耶穌在世的言行：主耶穌傳道一再強調的信息是：「日期滿了，神的國近了，你們當悔改，信福音！」(可一15) 悔改歸信由此便成為使徒傳福音的重心。此外，耶穌那聖潔的生活，對父神完全的順服，對貧苦哀傷者的憐恤，對假冒為善的痛斥，對苦難挑戰的無懼，並經常退到曠野禱告的榜樣，都是使徒們提倡的操練。就是主耶穌在十字架上的犧牲，也在後世轉化成殉道的情操，成了許多信徒追求的榮耀。

> 在主耶穌升天不久，教會仍以猶太羣體為主時，希伯來傳統往往成為主要的依據，教會部分領袖最初甚至有要求外邦信徒守律法的意向。但當福音向外傳播，從異教歸信的信徒比例增多後，希臘哲學的影響就變得愈加重要。

6.1.2. 信仰追求的操練

雖說前述3個元素均對初期教會有相當影響，但影響程度則因時間、地域而略有升降。一般而言，耶穌的榜樣和言訓是最權威的參考，然而當中較含混的地方是應當如何詮釋理解？那些沒有明確教導的範疇，又當以何補充？使徒教會本身就有一定分歧，有依據猶太傳統，也有承襲希羅哲學。雖說不同羣體的強調重點各有差異，但下列3點是使徒時期基督教會普遍強調的公認信念和屬靈要求。

a. 強烈末世盼望：基於耶穌天國近了的宣告，及門徒對祂說「我若要他〔約翰〕等到我來的時候，與你〔彼得〕何干」(約二十一22) 的誤解，使徒教會普遍以為主耶穌很快便會再來。因此他們變賣田產家業，天天聚會。他們看自己在世只是客旅，同心追求不朽的天國。雖然他們後來逐漸體會主遲延未返，但這末世榮耀的追求一直沒有止息，始終是信徒羣體盼望所在。

b. 以基督為榜樣：在聖經中，使徒們一再強調要效法基督，以祂為生活行為的榜樣。「基督徒」的原意就是追隨基督的人。為幫助信眾學習，許多有關耶穌基督生平事蹟的口述和筆錄傳統便四處傳流。這些資料後來被結集成書，出現如馬可、馬太、路加等不同福音書卷。於是，耶穌所倡議的信心和悔改，祂所重視的禱告和善行，並祂所表現的順服和受苦，便成為早期信徒積極操練的功課。

c. 順服主的教導：耶穌基督既是信徒羣體的主，忠心實踐祂的命令也就是每一基督徒應當追求的目標。這些命令較多為使徒教會強調的，有主耶穌在最後晚餐時所設立的主餐，呼籲信徒恆心遵守以記念祂 (路二十二19)；有祂隨後透過洗腳榜樣頒下的新命令，叫門徒要彼此相愛 (約十三34～35)；當然還有祂在臨升天時所頒佈的大使命，叫門徒要出去傳福音，使萬民都作主的門徒，並給他們施行水禮 (太二十八19～20)。

6.2. 受苦殉道的褒揚

進入磨難逼迫時期，一種能結合前述3大元素的信仰表達方式逐漸受到重視，那就是殉道。它是輕看今世生活，追求末世屬天榮耀的最高表達；是主耶穌釘死十字架，為信仰捨身這榜樣的忠實追隨；又是主要求門徒要「天天背起他的十字架來跟從我」(路九23) 的終極順服表現。這些為信仰而犧牲的殉道士，很快成了信徒羣體的英雄，可敬可羨的模仿對象。

6.2.1. 為主犧牲的勉勵

面對逼迫來臨，基督徒相繼遇害，教會內難免會有人懷疑神的眷祐，會質問神為何容讓基督徒這樣受苦。針對此境況，不少早期教父均為苦難作出神學上的解釋。例如俄利根就建構了一套從下而上、不斷追求的成聖觀：所有靈魂原是與神一起，只因犯罪墮落才降下世間。因此基督徒要輕看肉身需要，專注屬天生命。政權給予的壓逼，能幫助信徒煉淨靈魂，棄絕肉慾，往上提升，因此是值得嚮往的。

除神學上的解說外，多位教父更直接撰寫文章，鼓勵基督徒要勇敢面對殉道，不要逃避懼怕。這些著作包括特土良的《論逃避逼迫》(*On Flight in Time of Persecution*)、俄利根《對殉道的勸勉》(*Exhortation to Martyrdom*)，和居普良《給福徒拿都的殉道勸勉》(*Exhortation to Martyrdom addressed to Fortunatus*)等。他們提醒信徒信仰必須經歷試煉，才能彰顯忠誠。基督徒應當堅守信仰，因為短暫苦難過後，換來的將是永恆的獎賞。相反，懼怕當政者壓逼而敬拜偶像，是嚴重的背道，將受永死之刑。他們高舉殉道的價值，愛任紐和特土良更稱讚殉道者為教會的真實標記和種籽，是基督信仰精義的彰顯，能叫看者聞者認識真道，結出果子百倍。

對殉道的勸勉

……苦難和逼迫的興起，是要叫我們表明自己的信。申命記記載：「主耶和華苦煉你，是要知道你是盡心、盡性、盡力愛主耶和華不是。」同樣，所羅門說：「火爐熬煉窰匠的器皿，苦難試煉義人。」……早有預言說世界會恨惡我們，興起逼迫反對我們，這對基督徒來說並非新事，因為從起初開始，良善的就已受苦，義的被不義的針對，且被殺害。正如主在福音書裏預先聲明：「世人若恨你們，你們知道，恨你們以先已經恨我了。你們若屬世界，世界必愛屬自己的；只因你們不屬世界，乃是我從世界中揀選你們，所以世界就恨你們。你們要記念我從前對你們所說的話：『僕人不能大於主人。』他們若逼迫了我，也要逼迫你們。」……

居普良：《給福徒拿都的殉道勸勉》9，11

6.2.2. 樂於殉道的情操

基於對苦難的正面詮釋，此時許多教會領袖和信徒均勇於殉道。他們那些無懼犧牲的見證，並教會對他們的頌讚，轉過頭來又激勵更多信徒勇敢面對逼迫，不斷循環。很快，殉道便成了教會羣體一致受褒揚的宗教情操，許多基督徒嚮往接受這「呼召」，稱之為「血的洗禮」(Baptism of Blood)。自從暴君尼祿一把火焚燒羅馬城，嫁禍基督徒後，教會即遭受逼迫。初期的殉道見證，多以勇敢無懼接受死亡為主題，部分或許加有一些神蹟奇事。使徒教父《坡旅甲殉道記》(*Martyrdom of Polycarp*) 是其中的經典作品。當中記載士每拿主教坡旅甲如何在異象中看見自己要活活被焚，如何在總督再三威逼下堅守信仰、勇敢對答，並如何滿有榮耀、與別不同地離世歸主。

到後期，歷史文獻卻顯示有不少信徒主動尋求殉道，以未能為主犧牲為終身憾事。其中一個典型人物是亞歷山太教父俄利根。根據優西比烏《教會歷史》(*Ecclesiastical History*) 的記載，俄利根自小便對信仰相當投入。當逼迫的火焰迅速蔓延，多人為主犧牲，他也渴慕接受極刑，惟被母親的哀求暫時制止；不久當他知道父親被捕受俘時，內裏那股渴望殉道的熱情又再次燃燒，以致母親要將他所有衣服收藏起來，藉以強迫他留在家裏，不能外出。當然，此時亦有人因懼怕苦難而跌倒的。但總體而言，殉道對許多基督徒而言都是滿有榮耀，是值得追求的崇高表現。

坡旅甲的殉道

……坡旅甲還說了許多話，滿有膽量和喜樂，面容也充滿恩慈，以致他毫不懼怕威脅他的話，相反總督卻驚訝起來……禱告完畢，負責點火的就燃起火焰，火勢甚大，我們卻看到一個神蹟，我們保存自己就是要向人見證這事。那火型似一座拱門，又像被風漲滿了的船帆，圍著殉道者的身體；他在中間，不像肉身被燒，而像燒烘麵包，或如金銀在爐中被煉淨。……當那些無法無天的人察覺他的身體不能被火燒盡，便下令劊子手上前用匕首刺他。當他這樣做時，大量血液流出，甚至火被澆熄，所有羣眾都感到驚訝，不信者和選民竟有如此巨大分別。……

《坡旅甲殉道記》12，15，16

6.3. 修道主義的興起

君士坦丁歸信，基督教成為合法宗教，且得政權偏好，磨難時期的逼迫頓時消失。這故然能為教會帶來安穩，信眾得保安全，無須再擔驚受怕，但同時亦使部分渴慕殉道的人夢想幻滅。隨之而起的是修道運動的流行，修士們以禁慾苦修來操練敬虔；修道很快便成了教會羣體公認熱誠追求信仰的表徵。然而有一點需要留意，苦修在安穩時期雖被頌揚，但其地位從未真正取代殉道。在教會歷史裏，為主殉道始終是為信仰犧牲無可替代的最高表達。

6.3.1. 修道流行的緣由

修道運動始自3世紀後期安東尼在埃及沙漠的隱居修道。初時他只是獨自操練，但隨著其名聲四處傳揚，聚集效法他的人愈來愈多。到4世紀米蘭諭旨頒佈後，修道運動很快便變成風氣，半獨居式和羣居式的修道相繼出現，且不斷向北、向西擴展。短短200年，修士、修院已遍佈羅馬帝國每一省份。為何修道操練會如此廣受歡迎？以下是幾個較主要的原因：

> i 雖然教父耶柔米曾寫下《保羅傳》，聲稱另一位隱修士保羅才是最早修道的一位，但學者普遍相信耶柔米是在「虛構故事」，安東尼才是不折不扣修道運動的創始人。

a. 棄絕現世的神學：早期教會強調屬天福樂的追求，鼓吹為信仰而犧牲，俄利根等教父更為此建構出整全的神學體系。為此，遠在安東尼以前，不少東方基督徒已在城市自己家中進行苦修，沙漠修道只是這種城市苦修的進深操練而已。

b. 渴慕殉道的情結：根據亞他拿修的描述，在馬西米安逼迫期間，安東尼原本也很渴望殉道，無奈事與願違，於是他便返回自己的洞穴，更嚴格地苦修。雖説修道從未真正取代殉道，但多少也能舒緩追求者無法殉道的鬱結，以之為釘死自我的另類表達。

c. 逃避重稅的出路：羅馬帝國因要連年征戰，需費龐大，遂創設出許多不同名目的繁重稅項。早在安東尼以前，埃及已有人因避稅而逃往沙漠暫居。君士坦丁以後，稅務不減反加。修道既可滿足宗教情感，又可免除稅務重擔，可謂一舉兩得。

d. 教會生活的俗化：基督教成為政權偏好的宗教後，許多異教徒帶著本身的信仰習慣轉投教會。信徒羣體在逸樂之中，對真理的持守也逐漸鬆弛，於是許多異教風俗如聖人崇拜等相繼傳入，教會變得世俗化。一些嚴格追求信仰的，既不能從當時的教會得著滿足，便轉投修院。

e. 修士聲威的遍傳：現存有許多早期修士的傳記存留，當中將修士描繪成擁有超人能力的聖者，有許多神蹟奇事伴隨。這些傳記如《安東尼傳》等非常暢銷，且譯成多種語文，成為修道運動的重要宣傳刊物。

安東尼將殉道情結轉為修道操練

……此後教會遭受馬西米安的逼迫，當殉道者被帶到亞歷山太時，安東尼也離開自己的洞穴，跟隨前去，他很渴望成為殉道者……安東尼曾經禱告能為主殉道，並為未能公開以生命見證恩主而憂傷，但主卻保守他……當逼迫最終停止，那蒙福的主教彼得作出殉道見證；安東尼離去，且回到自己隱居的穴室，在那裏天天釘死自己的意願，遏阻信心上的矛盾。他比前更嚴格地操練，他經常禁食；內裏穿著毛衣，外面披上獸皮，一直維持直到離世。他從不用水清洗身體，去除污垢；又不清洗自己的腳；除非必要，他甚至不容將腳放入水中。除了他死後被埋葬時，從來沒有人見過他脱去衣服，或見過他赤裸。……

亞他拿修：《安東尼傳》46～47

6.3.2. 修道運動的發展

修道運動始於埃及沙漠。初時安東尼開始的修道，以獨居式為主，各人縱有聚集一處，也是獨自操練，互不相干；偶爾或會聽取前輩訓勉，但絕大多數時間皆個人獨處。隨後阿捫（Ammum，約死於350）創設半獨居式修道，傳說跟隨他的有5,000之眾，其中修士好比同村鄉里，互相協助，但各人均獨立自主，操練沒有嚴格限制。與此同時，帕科繆亦建立了羣居式的修院，當中所有修士均需遵守由帕氏編訂的科普替文修道規章：修士在得上級引導和幫助的同時，亦受其監管。終其短暫一生，帕科繆共建有9男2女共11所修道院，跟隨者達3,000人。由於羣居式修道較具整全系統，後期的修士、修會多採此模式。

除形式外，修道運動亦在地域上不斷擴展。繼埃及後，巴勒斯坦、敍利亞和小亞細亞等相繼有修院成立，部分且遠近馳名。巴西流更根據帕科繆的版本編成希臘文的修道規章，成為東方眾多修道羣體的重要參考。至於西方拉丁教會，早於4世紀中亞他拿修被流放期間，他已帶同幾位修士在羅馬一帶推廣修道。此舉引發後期西方教父如耶柔米、迦賢努等，特赴東方沙漠學習苦修操練，並將修道傳統引進西方，開設拉丁式的修院。發展至6世紀初，本篤（Benedict of Nursia，480～540）根據巴西流的希臘文版本，編訂出廣受西方教會信徒接受、共73條的拉丁文《本篤會規》（*Rule of Benedict*），強調貧窮、獨身、服從和持守等幾個原則，成為後世西方修會的典範。

本篤對貧窮的要求	本篤對服從的要求
未得修道院長委任，所有人均不得給予或接受任何物質，或將物質據為己有，不論這是書、簿、筆或其它物品，因為縱然是身體或意志，他們均不許隨自己的意願而行；一切所需的，他們當仰望修道院的先輩。不可擁有任何修道院長未曾給予或容許的物品，正如經上所記，凡物要公用，所有人均不可說或假設某些物品是自己的。若有何人因放縱於這至壞的惡習而被捕，當訓誡他一兩次；若他不能改過自新，就當接受懲處。…… 本篤：《本篤會規》33	謙遜的首要表現是順服不遲延；這是愛基督超過一切之人的德行……上級一發出任何指令，當如同神的命令般接受，毫不遲延地執行……所以，要立即離開他們自己的事務，棄掉他們自己的意願，放下他們正參與工作，任其未能完成，以準備順從的腳步，用行動跟從那指令者的聲音。意願獲得永恆生命的人，若遇上師長給與命令，同一時間又要完成門徒的工作，兩者就都要以驚懼神的速度盡快實踐。 本篤：《本篤會規》5

6.4. 初期教會的應對

修道運動雖可激發信徒更深追求敬虔，學習控制個人情慾，但同時亦誘發人比照當時已開始世俗化教會生活的平庸，並產生輕視之感、他去之意。初期的修道羣體，包括帕科繆的羣居式修院，架構上均不在地方主教之下。修士們隱居僻地，只聽命於本身的修道師傅或院長。對一般長駐城市的主教來說，他們是不受控制的一羣；若教會處理不當，他們隨時可分裂出來而成為獨立的宗教組織。如何有效將這些修道羣體融合於教會架構之內，使他們與其他信眾和平相處，便成為當時主教領袖的重大挑戰。

6.4.1. 修道羣體的整合

基督徒採納修道操練，多源自個人對信仰的認真追求，這種操練亦有當時流行的神學依據。因此教父領袖多對修道羣體採頌揚態度，部分主教領袖更親自參與推廣修道操練、完善修院體系的工作。例如亞他拿修就曾多次出訪埃及沙漠的修道羣體，給他們適時的慰問與關心，也協助糾正他們當中的謬誤；巴西流更為他們編制希臘文的修道規章，親自領導其教區內的修院發展；西方的奧古斯丁亦曾著有數份講論修道的作品，他視性慾為罪惡流傳的媒介，更為禁慾修道立下強而有力的神學基礎。這都使城市教會能與偏遠的修道羣體保持良好關係，加增主教領袖對他們的影響力，使修院長期留在地方教會的管轄之下。

對於修士間不能為地方教會接受的思想，教父們便加以痛斥，定規禁止。例如當時有名為希拉卡(Hieracas，活躍於320～360)的修士，主張婚姻只在舊約時代容許，基督的道成肉身已為禁慾立下榜樣，婚姻從此被廢止，所以他的修道羣體只接納已停止性行為的人。這言論顯然不能適用於廣大信眾，因此亞他拿修便指斥其思想，強調婚姻與獨身之分別不是劣與優，而是好與更好，婚姻仍是神所喜悅的。為打擊部分修士那種高人一等、輕視其他肢體的心態，主教領袖更一同商討，召開如根格會議(Synod of Gangra)等，聯合斥責修士的高傲表現，不准他們在未經主教同意下私自聚會，迫使他們順服於地方教會之下，與其他信眾和諧共存。

主教領袖限制修士行為的規條

第五條：任何人若教導神的家或當中的會眾是可輕視的，這人當受咒詛。

第六條：任何人若蔑視教條，在教會以外私下聚會，擅自執行教會行動，被長老經主教同意拒絕允准，這人當受咒詛。

第八條：除主教或被指派負責管理慈惠事務的人外，任何人若施與或接收款項，施與者和接收者均同受咒詛。

第九條：任何苦行修士，若表現傲慢，非因身體需要而漠視教會共同規定和遵守的禁食，聲稱自己對事情有更完備的知識，這人當受咒詛。

《根格會議規條》5～6，8～9

6.4.2. 廣大信眾的調節

在將修道羣體融入地方教會的同時，教父領袖亦努力提升廣大信眾的屬靈操練，以拉近兩者的距離。自4世紀初亞他拿修接任亞歷山太主教長開始，教會即廣立著名修士為各地方教會的主教，承擔教導信仰、餵養羣羊的使命。隨著修道主義傳至西方，原為修士的主教亦於拉丁教會中成為普遍。雖然歷史上確有修士堅拒聖職，但大部分均被勸服接受，願意承擔牧職。這類任命除可改善修道羣體對地方教會的觀感外，亦能提升一般信眾的質素，使他們也獲貫輸修道精神，接受一定程度的苦修操練。

初期教會對信眾屬靈操練的要求，最突顯的是復活節期間的禁慾。根據亞他拿修的《復活節文告》(*Festal Epistle*)，東方教會初時只要求信眾在節期前7日禁食，但後來卻延長至40天，成為中世紀大齋期的前身。期間信徒要按自己能力盡量禁戒飲食，離罪懺悔，專心禱告，默想屬靈事物，好好預備自己以記念主耶穌的受難與復活。有學者形容，廣大信眾在這段時期的操練，與修士們相當接近，惟一不同的是無須放棄所有家財。當然，宗教改革前大公教會一直強調的聖禮傳統此時仍受重視，水禮仍是基督徒進入教會的門檻，聖餐仍是信徒聚會的中心，但修道式的禁慾、禱告和默想操練，在這安穩年代的初期教會中亦同樣受到倡議，成為教會歷史裏衝擊巨大、影響深遠的屬靈傳統。

修道思想影響下的亞歷山太教會

他們的喜樂是何等的大，會眾各人在德行上互相勸勉。多少原本準備結婚的未婚婦女，現在為基督的緣故持守獨身！多少青年跟隨他人的榜樣，接受修道式的生活！多少父親勸勉兒子，多少被兒子所勸，不要在基督徒的苦修操練上受任何事物所妨礙！多少妻子說服丈夫，多少被丈夫說服，跟從使徒的教訓，奉獻自己專心禱告！

亞他拿修：《亞流主義歷史》25

溫習及思考問題

1. 基督教的屬靈信念有哪3個主要根源？當中哪個是最權威的參考？

   a. ____________________

   b ____________________

   c. ____________________

   最權威的是：____________________

2. 使徒時期教會有哪3個公認的信念和屬靈要求？

a. ______

b ______

c. ______

3. 根據本章內容，你能歸納出導致早期基督徒嚮往殉道的因由嗎？當中包括哪些？

______

______

______

4. 米蘭諭旨後修道主義流行，又出於哪5個緣由？

a. ______

b ______

c. ______

d. ______

e ______

5. 試根據本章內容，填補下表空格，列出修道運動在下列3方面的發展。

	修道模式	規章用語	地域擴展
最初起點	獨居式（安東尼）		
中間發展		希臘文（巴西流）	
最後落定			西方教會

6. 教父如何將修道羣體拉回教會，又如何將廣大信眾拉向修道？你認為這些方法有效嗎？為甚麼？

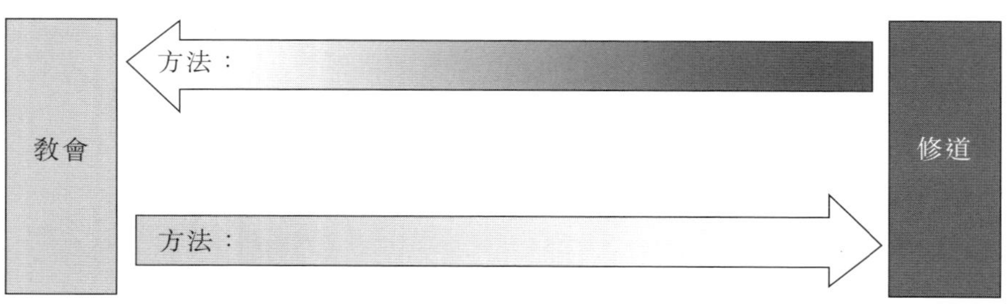

效果：

原因：

7. 就你所知，早期的殉道和修道精神，對現代華人教會有何影響？

殉道：

修道：

8. 今日教會仍有人為信仰而犧牲、為敬虔而操練嗎？請舉出例子。

9. 昔日教會先賢甘願為信仰而付出、受苦的榜樣，對你個人有何提醒？

進深閱讀書目

野村湯史編譯及繪製：《荒漠的智慧：沙漠教父語錄觀照》。莊柔玉譯。香港：基道，2003。

彭順強：《二千年靈修神學歷史》。香港：天道，2005。

McGinn, Bernard and John Meyendorff, ed. *Christian Spirituality: Origins to the Twelfth Century*. London: SCM, 1985.

Wimbush, Vincent L. and Richard Valantasis, ed. *Asceticism*. New York/Oxford: Oxford University Press, 1995.

神學教義

耶穌基督離世升天，只留下片段的言訓教導，其中多是間接的比喻和道德的教誨；祂有與眾不同的行為表現，有令門徒終身難忘的受死、復活和升天，但祂並沒有就自己的位格、事奉詳加解釋。在成立之初，基督教會並沒有整全的神學體系。耶穌是誰？祂實際的身份為何？這等基要問題全都未有確切答案。那麼，現代教會堅信的教義如三位一體等究竟從何而來、因何而得？本章將嘗試從歷史發展角度簡要解答。由於神學教義的產生，在基督教歷史裏多是源於對異端思想的反動，惟有確知這些異端錯在哪裏，才能準確掌握正統的要求。故此筆者在本章會用較多篇幅詳盡講論這時期出現的不同異端，藉以襯托出初期教會的神學發展和教義原則。

7.1. 文化傳統的取捨

面對耶穌基督的事件，不同背景的人有不同的理解。有以猶太角度，視祂為好比摩西、大衛一樣，是蒙神揀選的義人；也有以希臘角度，視祂為屬天智慧的啟示。由此產生出許多異端，他們部分有細密的架構系統，支持者經常集合聚會；部分則只屬抽象的思想概念，沒有固定組織形態。這些被後世定為異端的派別數目眾多，當中較具代表性、影響較大的，有下述幾類。

7.1.1. 猶太式異端

猶太式異端普遍強調耶穌的人性，卻否定其神性。他們堅持舊約申命記六章4節耶和華是獨一上帝的宣告，信守十誡中除耶和華以外不可有別神的誡命。因此他們認為耶穌雖有特殊身份，擁有超常異能，但祂也不能是神，不然耶和華就不是獨一，信徒也敬拜別神了。其較具代表性的思想是嗣子論（Adoptionism），此論又稱動力論（Dynamism）或動力神格唯一論（Dynamistic

Monarchianism）。當中認為耶穌只是約瑟和馬利亞按照正常人類繁殖方法生出的兒子，祂既非先存，也無神性；在受浸時祂被至高神收為嗣子，得基督以鴿子形式降在身上，從此祂擁有從神而來的能力，可以施行諸般神蹟；惟到最後，基督離開祂而去，耶穌要獨自面對十架和死亡。公元1、2世紀有不少認同耶穌的猶太人皆採此立場，其中較活躍流行的組織，有伊便尼派和艾克賽主義。

a. 伊便尼主義：活躍於巴勒斯坦及附近的猶太羣體之中。除嗣子論外，他們亦堅持信徒必須遵守全部猶太人的律法，包括割禮。這派只接納希伯來文馬太福音一卷新約聖經，不接受使徒保羅，指斥他背叛了摩西律法，扭曲基督信仰。他們相信彌賽亞快將重臨，並要在地上的耶路撒冷建立千禧國度。

b. 艾克賽主義：活躍於巴勒斯坦東部和南部。信念大致與伊便尼主義類似，惟相信宗教乃不斷演進，基督教只是過程中的一環。基督的靈好像西藏活佛一樣會不斷重生，持續地活在人間，因此耶穌死後還會有另一個基督再現。他們認為聖靈乃屬女性，為耶穌接受水禮時祈娶；基督徒每當需要赦罪，就要再次接受水禮。

伊便尼主義	艾克賽主義
那些稱為伊便尼主義的人……只接受馬太福音，抗拒使徒保羅，堅稱他背離了律法。對於先知的著作，他們抱持一種獨特的解經方法。他們行割禮，持守律法所吩咐的習俗，按照猶太人的方式生活，且推崇耶路撒冷為神的家。 愛任紐：《反駁異端》1.26.2	這艾克賽提出一套律法為餌，斷言信徒必須受割禮，按照律法生活……當基督由童女所生時，並非首次來到地上，相反他過去曾經被生，將來也會經常被生。因此基督經歷多次出生的轉變，靈魂由一個身體轉到另一個身體，他會時常在我們當中出現和存在。 希坡律陀：《反駁所有異端》9.9

7.1.2. 希臘式異端

隨著福音向外邦傳揚，教會開始有人以當時流行的哲學來理解基督信仰。基於希臘思想中靈善物惡的二分信念，他們堅持至高聖潔的神是完美不動的，祂不可能真實地降臨人間，受困於這敗壞屬物質的囚身之中。因此他們大多支持幻影說(Docestism)，相信道成肉身並沒有真實發生，耶穌的出生、成長、吃喝等全是幻覺，祂並沒有真實受苦，也未曾死亡，一切都只是神給世人啟示的幻象。為此反駁他們的使徒教父伊格那丟強調：「耶穌基督確實是大衛的後裔，為馬利亞所生，是真實的出生，又吃又喝，祂確實在本丟彼拉多手下受害，確實被釘於十字架，且確實死亡。」(伊格那丟：《致簇里安人書》9)希臘式異端傾向接受基督的神性，卻否定祂的人性。其中有兩派在初期教會裏特別活躍，他們就是諾斯底主義和馬吉安主義。

a. 諾斯底主義：2世紀初開始廣泛活躍於羅馬帝國不同地區。此為一類有共同特質的思想，強調善與惡、靈與物的對立。當中細分有許多不同派別，有華倫提努(Valentinians)、巴西利得(Basilides)和撒特流斯(Saturninus)等立場略異的許多領袖。他們普遍相信萬有分為很多不同等次，最高是純正的神靈，最低則是物質世界。人是靈與物的混合，得救是要藉秘密靈知的獲取，使靈魂逐漸從肉身的捆綁中解脱出來，而基督就是幻影說中神藉以賜人靈知的屬天啟示。

b. 馬吉安主義：同樣於2世紀開始四處擴散，存留最少5個世紀。他們將舊約和新約的神二分：創世者是猶太人的神德謬哥，祂苛刻暴虐，是低等的神靈；而耶穌啟示的父則配受敬愛，是至高至善的真神。舊約經卷對基督徒來說毫無價值，其中的律法已被耶穌的愛所取代。為貶抑舊約地位，他們強調耶穌基督是無迹可尋地出現，聖經正典只應包括路加福音和一些保羅書信，當中與舊約有關的部分也應被刪除。

諾斯底主義——巴西利得派	馬吉安主義
巴西利得……提出心智是自有永有的父首先生出的，從它再生出理性，從理性生明辨，從明辨生智慧和能力，從智慧和能力生出各掌權的、執政的和天使，這些我們都稱為首先的，由此產生第一層天。……他們宣稱更多更多執政的和天使被形成，產生合共365層天。 愛任紐：《反駁異端》1.26.3	本丟的馬吉安……將路加福音分割，將所有關於主家譜的記載刪除，去掉許多主的教導……以類似方法，他肢解保羅的書信；除掉一切使徒有關神創造世界的內容，好像祂只是我們主耶穌基督的父；同時除掉所有使徒舉證先知著作的段落，為要教導我們他們〔使徒〕預先宣告神的來臨。 愛任紐：《反駁異端》1.27.2

7.1.3. 領袖式異端

除前述因猶太或希臘文化而產生的異端外，初期教會亦有一些因個別領袖的特殊體會而組成的異端，他們各有本身的背景、信念和特色，活躍範圍與影響羣眾也各異。當中較著名的，有孟他努主義和撒伯流主義。

a. 孟他努主義：2世紀中源於小亞細亞的弗呂家，後傳到羅馬和北非，於該地活躍發展。創始人孟他努 (Montanus) 自稱有先知恩賜，常會突然出神，然後說出一連串預言。他們強調父、子、靈是3個歷史管治時期，神的啟示於舊約漸進至新約，並於聖靈時期達至完全。而孟他努與他的兩名女先知百基拉 (Prisca) 和馬克西米拿 (Maximilla) 正是聖靈的代言人，因此其預言極具權威。他們認為異象和方言是聖靈臨在的重要表徵，預言主耶穌即將再臨，並要求追隨者實行嚴格的苦修操練。

b. 撒伯流主義：此派又稱形相論 (Modalism) 或形相神格唯一論 (Modalistic Monarchianism)，創始人撒伯流 (Sabellius) 為3世紀羅馬神學家。其關注點與前述嗣子論類似，堅持神只有一位，惟解決聖子身份的方法則完全迥異：他們不單沒有否定其神性，還指稱祂其實就是父神本身。神只有一位，只是好像孫悟空變身一樣，以3種不同形相顯現而已；父、子、靈純是名稱和功能上的分別，前者為創造主，後兩者則是救贖主和保惠師。釘在十架上的雖稱聖子，但實際上也是聖父本身。

孟他努主義	撒伯流主義
一位新近歸信的，名叫孟他努，他有難以抑制作領導的慾望……他口出狂言，開始胡說八道，宣講怪異事情，以一種跟教會從起初傳統領受的習慣相反的方式說預言……並且牠〔魔鬼〕搞動兩個婦人，以邪靈充滿她們，使她們狂野地、無理地及怪異地說話，像先前所記的那人一樣。 優西比烏：《教會歷史》5.16.7	不久之前，其實相當近期，有某位撒伯流起來，撒伯流主義者亦從他得名……他們的教義是父、子和聖靈是同一存有，意思是三個名稱都連於同一本質……或以太陽為例，它是一個本質，但有3種彰顯，就是光、熱和球體本身，熱代表聖靈，光代表子，而父本身則以其實際本質代表。 伊皮法紐：《反駁異端》62.1

7.2. 三一神論的爭議

經過磨難時期不同異端思想的衝擊，教會領袖對一些基本教義已有概要性的共識。雖然此時尚未有大公會議，讓意見不同人士互相交流協商，分歧見解仍然存在，但最極端的思想已廣遭否定，教父們的分歧也逐漸拉近。到3世紀末，基督教會普遍認同舊約的創造主與新約耶穌的父乃同一位全能上帝；父、子、靈雖然合一，但亦有各自不同的位格、不同的角色。耶穌乃聖靈感孕從童女馬利亞而生，是聖道成為肉身，因此祂同時兼具神性和人性。然而，這時教會對基督教教義的體會尚屬雛型，再細節的神學概念，如三位一體等，要到米蘭諭旨後，透過多次主教會議共同協商才能逐步定型。

7.2.1. 聖子地位的確立

父、子、靈既各有本身的位格，那麼聖子與聖父有何關係？祂的神性是否完全？這問題在4世紀的亞流爭議中成為教父們討論的焦點。在318～320年間，亞歷山太城主教長亞歷山大（Alexander，卒於328）提出子與父同質、同永恆的立場；當地長老亞流（Arius，約260～336）則起來抗辯，主張子是從無被造的，因此祂曾經不存在，因祂只是受造物，本質與父不同，所以不能完全認識父。亞歷山大於是召開會議，將亞流判罪。惟亞流立即找來他的同門，如尼科美底亞的優西比烏（Eusebius of Nicomedia，約卒於342）等的幫助，與亞歷山大及其承繼人亞他拿修對抗。

公元325年的尼西亞大公會議中，亞歷山大領導的正統派獲勝，亞流主義被判罪，明言子與父同質的《尼西亞信經》獲得通過。表面上爭議告一段落。然而亞流派的勢力並未從此瓦解，相反他們更逐步取得帝皇信任。4世紀中，他們先後透過政權之助將支持尼西亞信仰的主教逐一剷除，當中有遭免職、有被殺害，亞他拿修也5次被放逐流亡。時移勢易，偏好亞流主義的君士坦丢（Constantius，317～361）離世後，正統派不久又重新得勢。在加帕多家三父等的努力下，亞流主義終在381年的君士坦丁堡會議中再被定罪，爭議於此才真正結束，聖子與父同質、神性完全的地位才被確立。

亞流主義

神的道並非永恆，而是從無被造……因此曾經有一時間祂不存在，子是一被造物……祂按其本質是可改變及可敗壞的，與其他理性存有一樣……父因此對子來說也是深不可測的，因為聖道既不能完全和準確認識父，又不能完全看見祂……

亞歷山大：《致大公教會書》2

7.2.2. 三一程式的落定

根據福音書的見證，父差子、子差靈。教父們普遍相信，子與靈的關係跟父與子類似。子為父所生的完全神性既得確認，靈照樣與父同質亦不難理解。在教會歷史裏，針對聖靈神性地位的爭議不多，到4世紀末父、子、靈同質、同榮的教義可以說已獲公認。惟一尚待解決的是三者相互的關係為何，聖靈究竟從何而來？若說聖靈從父而生，父豈不有兩個兒子！那麼聖子就不是獨生子；若說是從子而生，父豈不成了爺，子也成了父！為此教父堅稱聖靈不是被生，而是由父而出。究竟這「出」是否有子參與？則有不同見解：東方教會相信父是萬有之源，靈單單由父而出；西方教會則倡議靈是由父和子共同呼出。直到今時今日，爭議仍未平息。

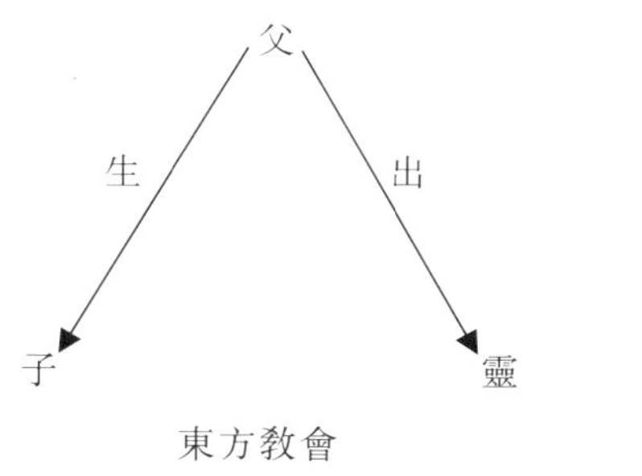

東方教會

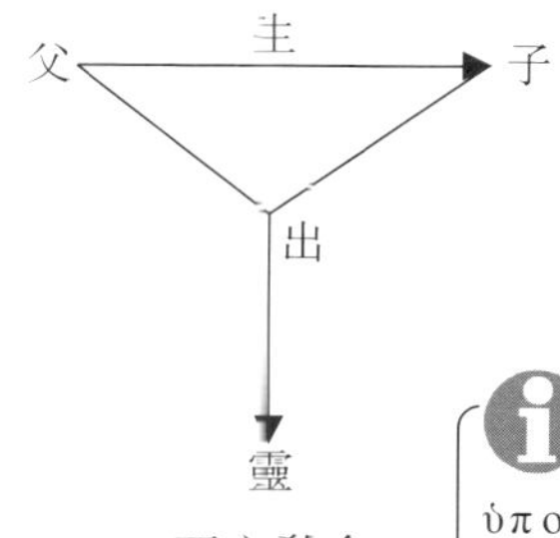

西方教會

東方教會的3 ὑποστάσεις、1 οὐσία 程式，在西方教會以拉丁文3 *personae*、1 *substantia*表達。由於*substantia*原與 ὑποστάσεις 同義，因此曾引起雙方誤解，互相指責。

至於整全的三一程式，其概念早於4世紀中亞他拿修時經已存在，惟當時尚未有統一用詞。在362年協調兩派有關三一神論的爭議中，亞他拿修已表明：「那些曾被指責傳講3個位格(ὑποστάσεις)的達至共識，那些傳講一個本質(οὐσία)的也承認前者的教義。」(亞他拿修：《致安提阿教會書》6) 到稍後加帕多家三父時，「三位格、一本質」的教義便正式落定。此三一程式於基督教會一直被尊為正統信仰的標記，直到現今仍未改變。

7.3. 神人二性的理解

在希臘哲學環繞的世界裏，神與人的結合始終是難以想象的概念：嗣子論嘗試否定其神性；幻影說則排拒其人性。隨著耶穌的神性和人性受到公認，聖道如何與肉身結合就成為教父們關注的問題。對今日許多基督徒來說，這些問題好像是無謂的推想，但對當時的信徒來說：認識真理是得救所必須，正確認識耶穌是與生死有關的大事，絕對不能輕忽。他們甚至願意為堅持自己所信之道而甘被放逐，甚或付上生命。

7.3.1. 持續不斷的爭議

耶穌神人二性的理解，牽涉兩個層面：耶穌所擁有的神性和人性如何？兩者的結合又怎樣？亞流主義一方面是三位一體的問題，另一方面也關乎耶穌的神性是否完全。繼之而來，尚有亞波里拿留主義、涅斯多留主義和歐迪奇主義等數個異端。

a. 亞波里拿留主義：始於360～370年間，關鍵人物是老底嘉的亞波里拿留(Apollinaris，約315～392)。他相信人是由身體、靈魂和思想3部分組成，而神的本性只有思想。由此他推斷在耶穌裏面，人的思想被聖道所取代，聖道成為其身體和靈魂的主宰。這推論看似合理，但問題是耶穌所擁有的人性究竟包含甚麼？只有身體和靈魂，沒有人的思想，也就是說祂並沒有整全的人性。

b. 涅斯多留主義：爭議於428年爆發，主角為君士坦丁堡主教涅斯多留(Nestorius，約381～451)。他認為一個位格只可以有一種本性，耶穌既有神人二性，就應同時有神和人兩個位格在同一個身體之內。他們只在作用、權能上結連，並沒有在本性上聯合。因此聖經中耶穌彰顯大能的事蹟，實為其神格的工作；而憂傷、饑餓等軟弱，則是其人格的表現。馬利亞只生了耶穌的人格，因此她不可稱為「上帝之母」。

c. 歐迪奇主義：爭拗起於448年，倡議者為君士坦丁堡修院牧首歐迪奇

(Eutyches，約378～454)。他主張耶穌本來有完全的神性和人性，道成肉身將兩性完全結合，產生了第三性。由於神性遠比人性強，因此結合後的第三性與神性相近。這好比在一桶純橙汁(神性)裏加入一滴梨水(人性)，結合後橙汁已不再純正，但主要仍是橙味。

駁斥亞波里拿留主義	駁斥涅斯多留主義	駁斥歐迪奇主義
……不要讓這些人〔亞波里拿留主義〕藉著宣稱他們所說「主的人」，就是我們的主和神，是沒有人性思想的……欺騙他們自己和別人……若任何人委身相信祂是一位沒有人性思想的人，他就真的失喪思想，不配得著救恩；因為祂沒有穿上的，祂就沒有醫治，惟有聯於其神性的才能得救。 拿先斯的貴格利：《書信集》101	任何人若不承認從神來的道是按位格聯合於肉身，與其肉身同是一位基督，就是唯一和同一的神人聯合，這人當受咒詛。 任何人若將福音書或其他經卷對基督的描述，分別歸給兩個特性或位格……將部分歸給人性，視之為與道分開……將其它單單歸給聖道……這人當受咒詛。 亞歷山太的區利羅：《書信集》17	他〔歐迪奇〕不應錯誤地說聖道成為肉身，是基督在童女的母腹出生，有人的外貌，卻沒有祂母親身體的實質。……尊貴和卑微，強和弱，永恆和朽壞，在一個位格中合在一起，並無損於各本性和實體的特質……因此真神是以真實人類完整和完全的本性出生，在祂本身完全，在我們裏面也完全。 利奧一世：《書信集》27

7.3.2. 神人二性的原則

耶穌基督神人二性教義的訂定，幾乎可以說全是對異端思想的反動。亞流主義的問題在於拒絕耶穌有完全的神性；而亞波里拿留主義則走向另一極端，否定祂有完全的人性。涅斯多留主義將耶穌神和人的元素近乎分割，彷彿沒有真正聯合；歐迪奇主義則將兩者近乎相混，以致連原初的神性和人性也不再存留。結果這四個思想相繼在公元325年、381年、431年和451年的4次大公會議中被判為異端，基督神人二性的教義也於此初步定型。經過漫長的神學爭議，基督教會對主耶穌的身份和本質終於達成共識，結果是堅持以下4點：

a. 耶穌有完全的神性：神性與父神相同，惟一分別在於祂是被生的。

b. 耶穌有完全的人性：人性與世人相同，惟一分別是祂並沒有罪。

c. 耶穌有合一的位格：神、人兩部分是真實的聯合，不是表面的同在。
d. 耶穌有兩種的本性：神、人二性沒有因聯合而消失，反得整全地維持。

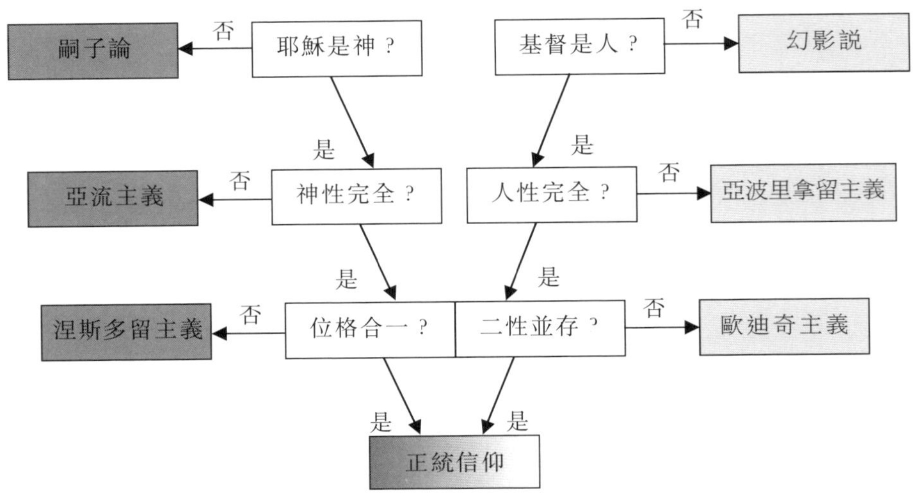

7.4. 基督救贖的意義

在不斷就耶穌的神人二性而爭論的過程裏，教父們一直關注的是救贖的問題：若基督不是完全神，祂怎能引導人到父神那裏？若基督只有人的身體和靈魂，那麼人性思想如何得救？到5世紀初，一場專門針對基督救贖能力的爭議爆發，揭示出教父們神學思考的另一掙扎。

7.4.1. 神人責任的取捨

在基督教救贖神學裏，有一個難於協調的張力：得救取決於神的恩典還是人的回應？若說是神的恩典，那麼人本身便沒有責任，可以任意而行；若說是人的回應，那麼神的恩典豈非不足以成全救贖，顯得無能！這對立的理解，於奧古斯丁和伯拉糾主義的爭議，及隨後與半伯拉糾主義的對抗中，充分呈現。

a. 伯拉糾主義：創始人伯拉糾（Pelagius，約350～約425）為愛爾蘭一位德高望重的修士，致力改革社會道德，強調持守良好德行的責任。他認為始祖亞當墮落只為世人立下不良榜樣，其罪並未有直接流傳後代，因此人類仍有過無罪生活的能力。而耶穌基督的事奉，也是向世人展示完美生活的典範，叫人可以跟隨。墮落、成聖都是個人事情，罪污、功積均不能傳予他人。所以每個基督徒都需要自己努力，才可得救。

b. 奧古斯丁主義(Augustinianism)：奧古斯丁的立場跟伯拉糾全然相反，曾經沉淪慾海的他，深深體會人的無能、不能自救。於是便提倡全世界在始祖墮落後已全然敗壞，人類只懂犯罪，無法行善。因此世人曉得決志歸信基督，全是神先動的恩典所使然。此後，神會賜下合作的恩典，防止信徒走向罪惡，保守他們不致跌倒，好能最終獲救。

c. 半伯拉糾主義：立場較中庸，代表人物為協助將修道主義從東方引進西方的修士迦賢努。此派相信始祖犯罪確實影響後人，惟人類並未因此變成全然腐敗，他們只是能力減弱、受罪阻擾而已。因此世人仍有選擇行善的能力。若要得救，人必須先憑意志歸信耶穌，然後神的恩典會臨到，幫助信徒繼續行善，以致能達到得救的地步。

伯拉糾主義

亞當的罪只損害他個人，沒有損及全人類。律法與福音一樣，能引導人進入天國；在基督降臨以前，亦有人一直過著無罪的生活。基本上，新生嬰兒與亞當墮落前是有著同一狀態的。一方面，人類並沒有在亞當的墮落和犯罪中死亡；另一方面，人類亦沒有在基督的復活中被救活。

奧古斯丁：《論伯拉糾的起訴》23

7.4.2. 救贖神學的發展

奧古斯丁雖廣為西方教會重視，但主教會議並沒有將他的救贖論照單全收。431年的以弗所會議首先判處伯拉糾主義為異端，肯定原罪的存在。529年的奧朗日會議(Council of Orange)，採納的是奧古斯丁主義與半伯拉糾主義中間的立場。一方面會議肯定原罪的嚴重性，確定人類無法自救，需要神的恩典；另一方面強調人有與神合作的責任，需要盡己所能努力行善。這善功與恩典配搭的救贖觀，一直為西方教會所持守。直到16世紀宗教改革家提出因信稱義，這教義才再受挑戰。

奧朗日會議宣言
因著第一亞當的罪，自由意志被扭曲和減弱；自此以後，若非神憐憫的恩典保守，沒有人能憑自己愛神，或相信神，或做任何對神為善的行為。我們同時根據大公信仰相信，在透過水禮接受恩典以後，所有已受洗的，若信實努力，可藉著基督的幫助和同工，有能力和責任實行所有與靈魂得救有關的事情。我們不單不相信有人被神的能力預定行惡，且要對那些相信這惡念的說，願人人憎惡並咒詛你……

溫習及思考問題

1. 試於下表選擇正確答案，藉以比較伊便尼主義和艾克賽主義的異同。

	伊便尼主義	艾克賽主義
舊約律法	重視／忽視	重視／忽視
耶穌	一個人／一類人	一個人／一類人
基督	一次降臨／不斷重生	一次降臨／不斷重生
拯救	接受水禮／道德生活	接受水禮／道德生活

2. 試於下表選擇正確答案，藉以比較諾斯底主義和馬吉安主義的異同。

	諾斯底主義	馬吉安主義
聖經解釋	字面解釋／靈意詮釋	字面解釋／靈意詮釋
舊約聖經	接受新解／拒絕接受	接受新解／拒絕接受
新約聖經	刪減經卷／加增經卷	刪減經卷／加增經卷
神秘知識	追求靈知／研讀保羅	追求靈知／研讀保羅

3. 試於下表選擇正確答案，藉以比較嗣子論和幻影說的異同。

	嗣子論	幻影說
獨一真神	強調／忽視	強調／忽視
耶穌神性	肯定／否定	肯定／否定
耶穌人性	肯定／否定	肯定／否定
思想傾向	猶太律法／希臘哲學	猶太律法／希臘哲學

4. 請由先至後按序排列下列項目，以顯示三一教義的落定過程。
   (　) 確定聖靈的完全神性。
   (　) 確定三一程式的概念。
   (　) 確定三一程式的用詞。
   (　) 確定聖子的完全神性。

5. 為何三一教義會引發這麼多爭議？這對你有何提醒？

____

____

6. 請由先至後按序排列下列項目，以顯示神人二性教義的落定過程。
   (　) 確定耶穌完全神性。
   (　) 確定神人二性並存。
   (　) 確定耶穌位格合一。
   (　) 確定基督完全人性。

7. 為何基督的神人二性教義會引發這麼多爭議？這對你又有何提醒？

____

____

8. 試根據各救贖觀的信念特色，於下表填上伯拉糾主義、奧古斯丁主義、半伯拉糾主義和奧朗日會議等標題。

標題	引發得救	成全得救
	神	神
	神	神＋人
	人	人＋神
	人	人

9. 就你所知，基督新教的救贖觀，與奧朗日會議通過的，有何不同？

____

____

10. 為何教父們會如此認真地為信仰爭議？他們的努力對現代教會有何影響？

11. 教父們甘願為堅持所信之道而犧牲受苦。這情操對你有何提醒？

進深閱讀書目

林榮洪：《基督教神學發展史——初期教會》。香港：中神，1990。

凱利（John N. Davidson Kelly）：《早期基督教教義》。康來昌譯。台北：中華福音神學院，1984。

Ferguson, Everett ed. *Doctrinal Diversity: Varieties of Early Christianity*. New York: Garland, 1999.

Ferguson, Everett ed. *Orthodoxy, Heresy, and Schism in Early Christianity*. New York: Garland, 1993.

正統權威

基督教會成立之時，主耶穌經已離世升天。雖說祂有十二使徒留下，但他們的信仰立場是否全然一致？彼得書信和約翰書信雖沒有明顯矛盾，但用詞和重點就已相當分歧。再說此時還有耶穌的兄弟雅各、在異象中蒙召的保羅、滿有恩賜的亞波羅，並有數以百計曾經追隨耶穌、親眼目睹祂復活後顯現的門徒，他們均對基督信仰有各自不同的體會。可以說，基督教自始就沒有單一的信仰權威。再加上初期教會身處受希羅哲學環繞的世界，許多人喜愛憑一己的「睿見」，以靈意方法解讀所見事迹、所聞教誨，從此又產生了各種對耶穌生平和言訓的不同詮釋。究竟基督宗教正確的信仰應當是怎樣？當以何為衡量標準？這都是早期教父們急於要正視的問題。

8.1. 使徒傳統的高舉

雖然初期教會信徒來自不同背景，但獲主耶穌特別選召那十二使徒的特殊身份，似乎很早已獲得普遍接納。為此他們要特意選上馬提亞，以填補賣主者猶大的空缺（徒一15～26）。雖然他們的領袖地位當初並沒有固定的體制支持，甚至耶路撒冷教會在使徒雅各被殺、彼得被囚後，似乎已改由耶穌的兄弟雅各領導（徒十二1～19），連彼得也表現出有點怕他（加二11～13），但自1世紀下旬開始，教會一直以彼得、約翰等使徒為較高權威，地位從未動搖。他們主要有兩個方法將權柄流傳後世，就是透過領導職權的授任和信仰教誨的遺傳。

> 至於十二使徒以外的保羅，他的特殊地位則要較後期才獲得確立。他被認定為外邦人的使徒，是以他所建立的教會為印證（林前九2）。

8.1.1.使徒職權的傳承

聖經使徒行傳記載，使徒在各地按立監督、長老，以承擔領導教會的牧養職分，又按立執事以協助事務工作。保羅且在其教牧書信中，詳細講論擔任這些聖職的條件(提前三1～13；多一6～9)，表明對他們的重視。在保羅年老時，他囑咐同工提多、提摩太等要在各城設立長老，將牧養教導的職分交託給那些忠心能教導別人的人(提後二2；多一5)。為何各處的監督、長老，能擁有領導教會的權柄？皆因他們得使徒或其傳人的授職按立，這就是使徒職權的傳承。

隨後的教父皆肯定這代代繼承的傳統。最早期的使徒傳承，並不限於監督，而是廣泛應用於所有受按立的聖職，包括執事。一世紀末使徒教父羅馬的革利免曾就此說：「如此他們〔使徒〕在各城各國宣講，在經過聖靈的試驗後，就按立最早期的歸信者成為未來信徒的監督和執事。」(《革利免一書》42.4)到2世紀主教〔監督〕的領導權被突顯後，使徒傳承才逐漸限在主教的職分上，成為教父排拒異端的重要理據。愛任紐在辯道時，就曾宣告：「使徒將教會委托於眾主教，所有異端的出現皆遠比他們晚。」(愛任紐：《反駁異端》5.20.1)其他教父如特土良和希坡律陀等，均有類似論證。留意，直到4世紀初君士坦丁統一全國，甚至4世紀末基督教被立為國教，使徒傳承仍廣泛應用於各處的主教之上；羅馬教會宣稱他們的「教宗」是使徒惟一的繼承人，實為後來竄加的觀念，並無充分初期教會文獻的支持。

使徒職權代代承繼

我們的眾使徒藉著我們的主耶穌基督，預知將來會有人為監督之名而引起紛爭。為此，他們既整全地預先知道，就按立早前提及的這些人；隨後他們發出指引，當這些人安息主懷，其他獲得承許的人可以承繼他們的職務。所以按我們的意見，這些受使徒或後來有威望之人按立，曾得教會的認同，一直以謙卑、和平、公正的心，無可指責地服侍基督羣羊，並得眾人稱許的，任何人均不得隨意將他們罷免。

羅馬的革利免：《革利免一書》44

8.1.2.使徒教誨的延續

使徒教會一致強調福音信仰的純正。保羅曾警告：「無論是我們，是天上來的使者，若傳福音給你們，與我們所傳給你們的不同，他就應當被咒詛。」(加一8)為此他提醒提摩太要保守所託付給他的真道，躲避世俗的虛談和似是而非的學問(提前六20)。約翰也呼籲信徒務要將起初所聽見的福音，常常存在心裏(約壹二24)。猶大更直接勉勵基督徒「要為從前一次交付聖徒的真道竭力地爭辯」(猶3)。顯然在這些早期教會領袖眼中，確有一套自始由主耶穌存留下來的真道，是基督教信仰的中心；即使個別門徒對耶穌有不同重點的體會，其信仰也不能與這公認的標準相違。究竟這福音真道是甚麼？後世教父均根據各使徒領袖的遺著，努力尋求並確立其內涵。

雖說整全的新約經目要到4世紀中才正式出現，但許多使徒的口述教訓和文字著述早已廣泛流傳、常被徵引。2世紀初使徒教父伊格那丟呼籲信徒要「學習安穩在主和眾使徒的教義之上」(伊格那丟：《致馬內夏人書》13)。由於教會羣體普遍相信這福音真道是主耶穌留下的，因此有至高無上的地位；即使擁有使徒傳承職權的教會領袖，也不可偏離半步。愛任紐更直言：「任何教會領袖，不論有多大雄辯才華，均不可教導與此不同的教義，因為沒有人能大過主。」(愛任紐：《反駁異端》1.10.2)其他教父如特土良、俄利根和居普良等，皆有類似堅守主藉使徒傳講之真道的聲明。

使徒真道必須堅守

我們一點也不可偏離這福音的教訓，門徒必須遵守師傅的教導，學效他所做的榜樣。……因此不論使徒本身，或從上而來的天使，皆不可傳講、教導一些事物，是與基督一次交付並透過眾使徒宣講之教義相違的。……

居普良：《書信集》62.10～11

8.2. 主教權威的肯定

「主教」在中文和合本聖經普遍譯作「監督」。在新約聖經，這名稱基本上與「長老」同義。當保羅完成第三次宣教旅程要返回耶路撒冷時，路加記載他「打發人往以弗所去，請教會的長老來」(徒二十17)，但言談間他卻稱對方為聖靈所立的監督，並勉勵他們要謹慎牧養教會(徒二十28)。在提多書，當保羅提醒對方要「在各城設立長老」(多一5)後，隨即詳列了被選者應有的資格，當中他突然轉換了主

「主教」原文ἐπίσκοπος。這詞原用於世俗職務，如奴隸監督、工場領班、建築工頭等。原來只代表職權，並無特殊宗教意涵。

詞說「監督既是神的管家，必須無可指責」(多一7)。使徒教會同時使用「長老」和「監督」兩個名稱，也許有多元文化的考慮：「長老」原為猶太羣體所採用，強調對方的身份資歷；「監督」則是希羅社會的常用詞彙，表示對方有領導、管轄之權。

8.2.1. 單一主教的突顯

除少數例外，「監督／主教」一詞在最早期的基督教典籍裏，幾乎全部以眾數出現。新約聖經只有提摩太前書三章2節和提多書一章7節，這兩處講論監督資格的經文採用單數。《十二使徒遺訓》在教導教會如何選拔領袖時，所用的是「眾監督和眾執事」(《十二使徒遺訓》15.1)。羅馬的革利免在講論使徒統緒、使徒傳承時，所用的也是眾數的監督(《革利免一書》42.4)。在他的書信裏，監督仍與長老同義，坐在監督位份上的就是長老(《革利免一書》44.4～5)。一教會、一主教的觀念，到2世紀初才開始流行。教會實施單一主教制的原因許多，據一些教父的解釋，這是教會和諧合一的標記。可以想像，若教會沒有單一具裁決權力的領袖，遇上彼此意見分歧時，就很容易出現混亂，甚或造成分裂。此外單一主教的產生，亦能有效解決誰可代表全體教會的問題；在加強地方教會決策和發展能力的同時，亦可促進教會間的交流。在民主投票概念不強的希羅世界裏，單一元首制度似乎是絕大部分組織難以逃避的自然演進結果。

安提阿主教伊格那丢是首位高舉單一主教制的教父，他形容：「你們的主教坐在神的位上，而你們的眾長老則聯同你們的眾執事，坐在眾使徒羣體的位上。」(伊格那丢：《致馬內夏人書》6)在他的著作裏，「主教」全以單數表達，管理教會的就是「主教和眾長老」。到2世紀中，基督教會已普遍採用單一主教制。教會史家優西比烏記載，哥林多主教狄尼修(Dionysius of Corinth，約170)曾留下7封寫給不同教會的書信，每封均列明當地教會的主教名稱(優西比烏：《教會歷史》4.23)。值得留意，此時的主教其實就是眾長老之首，主教也是長老會議的成員之一。因此有些教父如愛任紐等，有時仍會將「主教」和「長老」兩個名稱交互使用。兩者截然分割，是到3世紀中才出現的情況。

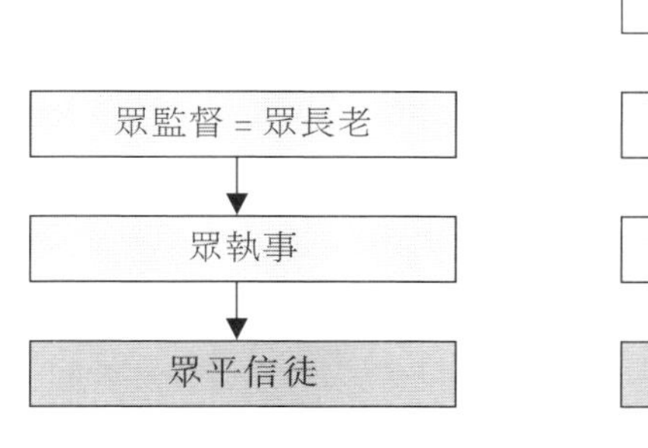

早期地方教會架構

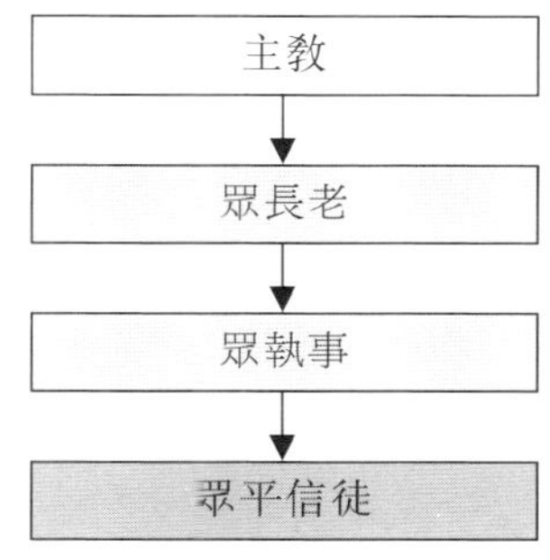

後期地方教會架構

8.2.2. 主教獨有的權柄

主教在地方教會中擁有很高地位。使徒傳承的觀念，使他們被視為神在地上的代表，擁有解釋信仰真理、領導及監管全體會眾的權柄。伊格那丟呼籲基督徒要「全心全意順從主教和眾長老」(伊格那丟：《致以弗所人書》20)，他甚至以基督事事連於父神、與之同工為類比，要求「不論長老、執事或平信徒，做任何事皆不可沒有主教」(伊格那丟：《致馬內夏人書》7)。為回應分裂者的攻擊，居普良更以主教即教會的理由，來警告信眾不要聽信謠言，背他而去：「你們必須曉得，主教在教會裏面，教會在主教裏面；任何人若不附隨主教，他就不在教會裏面。」(居普良：《書信集》68.8) 雖然這些言論只為個別教父的見解，但不久即為各地教會普遍接受；4世紀末編成的《使徒憲章》(*Apostolic Constitutions*)，更將這些事事必須先得主教允許的原則收錄為例，以法規條文確認主教的超然職權。

作為地方教會之首，主教的職能涵蓋教會每一方面活動。對內部的信徒羣體，他負責宣講、教導，主持各類聚會，包括水禮、聖餐、愛筵等；對外間的窮苦大眾，他主管慈惠捐款，統領施贈事宜；對其他城市的教會，他代表出席會議、簽發書信文件。他的工作雖然繁重，但絕大部分皆可與長老(甚或執事)分擔，惟一例外是聖職授任。《使徒憲章》明文規定：「我們不許長老按立執事、女執事、讀經員、傳道員、領詠員或服務員，只有主教獲准，因這關乎教會的秩序與和諧。」(《使徒憲章》3.11)

任何事皆要先得主教允許

一個正確合宜的聖餐，必須要由主教或他所授命的人主領。主教若在那裏，會眾也應在那裏；就如耶穌基督在那裏，大公教會也在那裏一樣。不論施行水禮或慶祝愛筵，若沒有主教參與皆屬違法；任何他批准的，皆能討神喜悅。……必須同時敬畏神和主教，那尊崇主教的，就是尊崇神；任何人做事若不先知會主教，就是服事魔鬼。

伊格那丢：《致士每拿人書》8～9

8.3. 聖經正典的選取

若論到使徒的教誨、遺傳的真道，最直接的資料莫過於他們視為權威的典籍，及直接或間接由他們留下的著作文獻。然而由於當時有許多假冒偉人之名發表的偽著，判辨哪些真實是使徒之作，哪些值得保留而成正典，便成為初期教會找尋信仰規範中的重要使命，特別當時有伊便尼主義只接納希伯來文的馬太福音，馬吉安主義只承認經過編刪的路加福音和部分保羅書信，諾斯底主義高舉他們所宣稱擁有神秘啟示的靈知作品，並有孟他努主義以其先知所得體會為最高權威。在這些隨意增減宗教經典之異端的衝擊下，編訂羣體公認的正典經目更是急不容緩。

「正典」希臘文 κανῶν，原指蘆葦或用來作準繩的棒子，後來逐漸被冠上「原則」或「規範」之意。基督教會以這詞來形容具權威性的典籍，和主教會議所通過的規條。

8.3.1. 舊約正典的採納

舊約聖經並非直接從使徒留下的言訓，但卻被主耶穌和眾使徒確認為權威的典籍，是基督教福音的基礎。雖然最後一卷舊約瑪拉基書，早於公元前5世紀寫成，但在基督教成立之時，舊約正典尚未完全定型。猶太人雖重視信仰傳統，但直到亡國之時，他們所誇耀的仍是先祖與神立約的「歷史」，宗教「文獻」要到被擄時期才受尊崇。猶太教希伯來文正典共分3部分：「律法」於公元前6世紀編訂，「先知」約在公元前3世紀，而「聖卷」則要到公元後2世紀才見雛型，因此新約作者多只提述「律法和先知」。由於聖卷的界線模糊，早期基督教領袖每多引據次經、偽經，就是聖經猶大書14節，也是出自以諾一書一章9節的。

雖然猶太拉比在公元3世紀已有清晰的正典規範，但基督教領袖並沒有照單全收。除在經卷編排上捨棄希伯來文版本，依照當時流行的希臘文七十士譯本外，他們亦經常參考次經。亞他拿修列出首分整全新約經目的同時，其舊約經目並沒有以斯帖記，卻包含巴錄書和耶利米書信(亞他拿修：《復活節文告》39)。這採用次經的情況一直延續，到宗教改革時次經才正式完全被排拒於正典以外。

猶太教希伯來文正典		
律法		創、出、利、民、申
先知	前先知	書、士、撒上下、王上下
	後先知	賽、耶、結、十二先知
聖卷		詩、伯、箴、得、歌、傳、哀、斯、但、拉—尼、代上下

基督教舊約正典		
摩西五經		創、出、利、民、申
歷史書		書、士、得、撒上、撒下、王上、王下、代上、代下、拉、尼、斯
詩歌智慧書		伯、詩、箴、傳、歌
先知	大先知	賽、耶、哀、結、但
	小先知	何、珥、摩、俄、拿、彌、鴻、哈、番、該、亞、瑪

次經、偽經	多比傳、猶滴傳、巴錄書(耶利米書信)、傳道經、所羅門智訓、便西拉智訓、但以理書補篇、以斯拉記續篇、以斯拉三書、以斯拉四書、馬加比一書、馬加比二書、馬加比三書、馬加比四書等。

8.3.2. 新約正典的形成

新約經卷原初幾乎全都不是以正典存留，只因教誨出自使徒，而得被視為權威。早在1世紀後期，教會已經常將舊約經卷和使徒著述平行並用，借此判辨對錯，平息紛爭。眾多書卷中，福音書是最早被稱為「聖經」的，時間約在2世紀中。至於「新約」和「舊約」，則是2世紀末愛任紐首先提出的觀念，他藉此分開猶太人和基督徒的典籍。此後，新約正典開始逐步形成，部分教父且為已獲確認的經卷撰寫注釋。新約正典的選取主要有4個原則：

a. 資料出自使徒：或直接為使徒所著，如保羅書信 又或間接由他人代書，例如馬可福音取材自彼得的見證。
b. 內容和諧協調：不會與其他已獲確認之正典的信息產生矛盾。例如彼得啟示錄雖號稱出自使徒彼得，卻被視為偽著而不獲接納。

c. 信息有益重要：能幫助信徒明白真理、實踐信仰。例如保羅給哥林多教會明顯不只兩封信，卻只有哥林多前、後兩書列作正典。

d. 能經時間考驗：一直為各地教會羣體所接受。例如《黑馬牧人書》和《十二使徒遺訓》，就是在不斷討論的過程中，被排拒於正典以外。

新約正典中最具爭議性的書卷是希伯來書、彼得後書和約翰叁書。現存有一份7至8世紀拉丁文的「穆拉多利經目」，其來源雖略具爭議性，但至今多數學者仍相信是譯自公元180～200的希臘文原稿，是現存源流最古遠的新約經目。當中沒有希伯來書、彼得前書、彼得後書和約翰叁書，卻將彼得啟示錄和所羅門智訓包括在內。教父優西比烏4世紀初的新約經目，將雅各書、彼得後書、約翰貳書、約翰叁書和猶大書列作可疑作品。首份與現代新約聖經完全相同的經目，出現於亞他拿修367年的第39篇《復活節文告》。雖然4世紀末的迦太基會議亦重申接納這正典經目，但對部分書卷的爭議此時尚未完全平息。不過，到16世紀宗教改革時，27卷新約聖經已獲教會一致肯定，由此亦組成基督新教的正典。

	穆拉多利經目	優西比烏經目	亞他拿修經目
歷史書	太、可、路、約、徒		
保羅書信	羅、林前、林後、加、弗、腓、西、帖前、帖後、提前、提後、多、門		
大公書信	雅、約壹、約貳、猶、啟	來、彼前、約壹、啟	來、雅、彼前、彼後、約壹、約貳、約叁、猶、啟
備註	認為同屬正典書卷：彼得啟示錄、所羅門智訓	具爭議性經卷：彼後、約貳、約叁、猶	值得研讀書卷：十二使徒遺訓、黑馬牧人書、所羅門智訓等。

8.4. 大公信經的制訂

「信經」並非直接源自使徒，但卻是具使徒傳承之教父領袖們，對使徒傳講之真道的精要表述。因此亦是教會羣體的權威教義標準。早期的信經主要是初入教者接受水禮前的認信，藉以肯定對方確切明白真道，免受迷惑；信經

「信經」源自拉丁文*Credo*，意即「我信」。一般指簡短帶權威的信仰宣告。

同時亦用在敬拜禮儀之中，讓會眾同心表明信仰，深化對福音真道的體會。後期逼迫臨到，基督徒愛在受苦殉道前念誦信經，公開表白信仰；遇上異端時，早期信徒亦愛以信經來判辨教義真偽，與異端劃清界線。

8.4.1. 使徒信經的源流

信經原初只是一些簡單認信，分別專注基督身份和三一關係兩方面。當腓利為埃提阿伯太監施洗時，他只要求對方宣認一句「我信耶穌基督是神的兒子」(徒八37)，這是最早期的基督認信。而主耶穌的大使命「奉父、子、聖靈的名給他們施洗」(太二十八19)則是最為人熟悉的三一認信。這兩類認信後來不斷擴充，且於2世紀中開始結合為一，而成為各地信經的雛型。由於教會在6世紀教廷制度初步產生前仍分區自治，各地教會基本上都保留著自己本身的傳統信經。現時仍有文本存留下來的，最少有羅馬、亞歷山太、該撒利亞、耶路撒冷和安提阿等教會的古代信經。這些信經雖同有三一架構，但內容各有明顯差異和特色。

現今教會通用的《使徒信經》，乃源自《古羅馬信經》。希坡律陀公元215年寫成的《使徒傳統》，描述了3世紀初羅馬教會的水禮程序。施禮者會逐一詢問以下三條問題，受洗者每次回應說「我信」後，隨即會被浸入水中，如是者重覆3次。

a. 你是否相信上帝，全能的父？

b. 你是否相信基督耶穌，上帝的兒子，由童貞女馬利亞藉聖靈而生，在本丟彼拉多手下被釘於十字架，受死，埋藏，第三天從死人中復活，升天，坐在天父的右邊，將來必降臨審判活人死人？

c. 你是否相信聖靈，聖教會，和身體得復活？

學者普遍相信，這是《使徒信經》的前身。5世紀初魯非諾(Rufinus，約345～410)的信經版本更趨成熟，內容添加了「我主」、「獨生」、「從那裏」、「罪得赦免」等詞句。然而今日流行的信經本文，要到8世紀初才正式出現。基於查理曼(Charlemagne，約742～814)大帝的召諭，這標準信經很快普及使用，且延續後世。

現代通用的《使徒信經》
我信上帝，全能的父，天地的創造主；並信耶穌基督，祂的獨子，我們的主，因聖靈感孕，由童貞女馬利亞所生，在本丟彼拉多手下受難，被釘於十字架，受死及埋葬，降在陰間，第三天從死人中復活，升天，坐在全能父上帝的右邊，將來必從那裏降臨，審判活人死人；我信聖靈，聖而公之教會，聖徒相通，罪得赦免，身體復活，並且永生。阿們。

8.4.2. 會議信經的編訂

除《使徒信經》外，基督教會亦有一些在不同主教會議中制訂的信經，擁有權威地位。其中最為人熟悉、廣受尊崇的是《尼西亞信經》(*Nicene Creed*)。此信經初訂於325年的尼西亞會議，後於381年的君士坦丁堡會議修訂擴大。信經原稿為《古該撒利亞信經》，為駁斥亞流主義的挑戰，禁絕其狡辯空間，教父們特意加上「在萬世以前為父所生」及「出於真神而真神，受生而非被造，與父一體」等詞句。信經末後還加上一連串針對亞流主義而作的警告，提醒任何人切勿持有如「神的兒子曾經有一時間不存在」或「祂的本質與父不同」等思想，否則會遭到大公教會所咒詛。此信經於東方教會極受重視，地位比《使徒信經》更高；宗教改革家如馬丁路德等，亦奉之為基督新教的權威認信。

另一個值得關注的是451年的《迦克墩信經》(*Chalcedonian Creed*)。此信經乃發展自《尼西亞信經》，是綜合首4次大公會議有關基督論教義的成果。內裏幾乎每一條文、每一詞句，皆為回應相繼被判為異端的亞流主義、亞波里拿留主義、涅斯多留主義和歐迪奇主義而立。當中清楚說明耶穌基督有完全的神性和人性，在位格上合一之餘，亦保存有兩種完整的本性。這種對主耶穌本質的認識一直為基督教會所持守，直到今時今日。

《尼西亞信經》	《迦克墩信經》
我信獨一上帝，全能的父，創造天地有形無形萬物的主。我信獨一主耶穌基督，上帝的獨生子，在萬世以前為父所生，出於光而為光，出於真神而為真神，受生而非被造，與父一體，萬物都是藉祂造成；為	我們跟隨聖教父，同心合意教人宣認同一位子，我們的主耶穌基督，是神性完全人性亦完全者；祂真是神，也真是人，具有理性的靈魂，也具有身體；按神性說，祂與父同體，按人性說，祂與我們同體，在

要拯救我們世人，從天降臨，因著聖靈從童女馬利亞成肉身，而為人；在本丟彼拉多手下為我們釘於十字架，受難，埋葬，照聖經第三天復活，升天，坐在父的右邊；將來必榮耀再臨，審判活人死人，祂的國度永無窮盡。我信聖靈，賜生命的主，從父而出，與父子同受敬拜，同受尊榮，祂曾藉眾先知說話；我信獨一神聖大公使徒之教會；我認使罪得赦的獨一水禮；我望死人復活；並來世生命。	凡事上與我們一樣，只是沒有罪；按神性說，在萬世之先，為父所生，按人性說，在晚近時日，為拯救我們，由上帝之母童女馬利亞所生；是同一基督，是子，是主，是獨生的，具有二性，不相混亂，不相交換，不能分開，不能離散；二性的區別不因聯合而消失，各性的特點反得以保存，會合於一個位格，一個實質之內，並非分離成為兩個位格，卻是同一位子，獨生的，道上帝，主耶穌基督。

溫習及思考問題

1. 使徒將權柄流傳後世，有哪兩種方法？

   a. ______

   b. ______

2. 使徒職權的傳承和使徒教誨的延續哪樣地位較高？天主教強調以擁有使徒傳承的羅馬主教為首，基督教則高舉信守使徒在聖經裏的教誨，你認為哪方較有理據？為甚麼？

   ______

   ______

   ______

3. 一教會、一主教的觀念因何會形成？你認為這主教制度有何優點與缺點？

   原因：______

   ______

   優點：______

   ______

   缺點：______

   ______

4. 今日基督教會所用的舊約聖經，經卷數目和編排上有何特色？

經卷數目：______

經卷編排：______

5. 早期基督教領袖每多參考舊約次經，但現代許多基督徒卻對次經全無認識。你認為這是好是壞？為甚麼？

______

______

______

6. 新約正典的選取有哪四個主要原則？

a. ______

b. ______

c. ______

d. ______

7. 制訂首份整全新約經目的亞他拿修，曾呼籲基督徒值得研讀如《十二使徒遺訓》、《黑馬牧人書》等教父著作，但現代許多基督徒卻完全忽略這些作品。你認為這是好是壞？為甚麼？

______

______

______

8. 《使徒信經》、《尼西亞信經》和《迦克墩信經》各自由甚麼認信演變而來？

《使徒信經》：______

《尼西亞信經》：______

《迦克墩信經》：______

9. 你認為信經對現代教會仍有意義嗎？你自己有否背誦信經？

______

______

10. 按你所知，初期教會對正統權威的發展，對今日教會有何影響？

____

____

11. 本章講解的教會發展，對你個人有何提醒？

____

____

進深閱讀書目

黃錫木：《基督教典外文獻概論》。香港：國際聖經協會，2000。

鮑維均等：《聖經正典與經外文獻導論》。香港：基道，2001。

Kelly, John N. Davidson. *Early Christian Creed*. 2nd edition. New York: David McKay, 1960.

Pelikan, Jaroslav. *Credo: Historical and Theological Guide to Creeds and Confession of Faith in the Christian Tradition*. New Haven & London: Yale University Press, 2003.

教會體制

不論獨裁或民主、封閉或開明，每個擁有相當人數的團體，皆或多或少有其組織架構：政府如是，公司如是，學校如是，機構如是，教會亦如是。政府部門的權力是國家與法律賜予的，稅務局有權向公司、向個人追稅，不合作的會遭受指控，罪名成立就要面對刑罰。公司主管對下屬的權力是由金錢與聘約賦予，若僱員放棄薪金職位，就無須再順從主管指令。學校老師對學生的權力乃父母家長與教學關係賦予，因此若父母偏寵子女，小朋友無心向學，老師對頑劣的學生有時也真無可奈何！

那麼教會對信徒的權力又從何而來？雖然不少牧者強調屬靈權柄，但在一些教會內，部分執事領袖好像老闆似的指令牧者，無論牧者還是執事，他們所持的真能說全是屬靈權柄？不容否認，現代教會內的人際互動，除屬靈權柄外，還有因傳統、架構和體制而產生的權力分佈。這情況早在初期教會經已出現，本章將探討這教會體制的形成過程和因由。雖然，現代基督教會仍採用昔日主教制的不多，但要知道宗教改革時期興起的教會體制，不論監督制、長老制或會眾制，皆是當年以羅馬為首之主教制度的延續或反動。研讀昔日信徒羣體的體制發展，對現代教會不無追源溯古、反省啟發的作用。

> 今日基督新教的監督制基本上是中世紀主教制的延續，惟監督的職權普遍不比主教那麼集中。而長老制和會眾制都是對昔日主教濫權的反動，希望透過羣體加以制約。

9.1. 使徒時期的自主

主耶穌在世傳道時，祂並沒有祭司長那因羅馬律法、民族情感和宗教傳統而得的崇高權柄；門徒之所以聽命於祂，是因其超凡的屬靈魅力。雖然主在十架上被釘死後，許多追隨者都分散離去，但仍有小部分忠心的門徒和婦女留下。耶穌基督的復活顯現，重新吸引數以百計門徒跟隨，他們對主戰勝死亡的大能無不感到興奮。此時門徒的焦點都放在耶穌身上，祂成為整個羣體的元首、眾人聽命的對象。40天後的升天，大大衝擊著這組成不久的信徒羣體：惟一的師傅、領袖不見了，誰當負起領導之職？這是後來教會體制逐步產生的背景。

9.1.1. 教會內部的分工

初期教會跟隨耶穌的人既因祂的屬靈魅力而歸信，能夠叫他們信服也就只有從主而來的教誨和智慧。初讀教會歷史的人很容易會以為使徒的領導地位，很快已在信徒羣體中得到確立，然而這只是非常簡化的描述。事實上，使徒之所以受到重視，只因他們曾緊密跟隨主，是有關基督耶穌言行生活的重要資料來源。在教會成立之初，他們並沒有由制度賦予的權威身份。彼得在安提阿見到從雅各那裏來的人，就因懼怕而自覺地與外邦人隔離（加二11～13）；保羅的書信裏，充滿憂傷流淚、哀痛忠告的情懷。這種種迹象顯示使徒當初並沒有以權威姿態出現。實際上，此時教會大部分信徒所追求的，仍是主耶穌那種從天而來、能叫人得救的智慧與能力，為此這時與使徒齊名並立的是同得屬神啟示的先知。保羅也承認，外邦人歸信得救，成為神家裏的人，這教義是「建造在使徒和先知的根基上，有基督耶穌自己為房角石」（弗二20）。這基督的奧秘在以前世代沒有人知道，此時卻「藉著聖靈啟示祂的聖使徒和先知」（弗三5）。在這種文化背景下，哥林多教會人人追求聖靈啟示，自比先知，以致造成聚會混亂，實在不足為奇（林前十四29～33）。

在使徒教會時期，大多數職份均與宣告屬天奧秘、傳講基督真道有關。保羅曾提及神賜給教會的「有使徒，有先知，有傳福音的，有牧師和教師」（弗四11）；根據最早期的教會歷史文獻，我們有理由相信這些都是當時流行的職份，與使徒於各地設立的監督（又稱長老）和執事並列。由於當時信徒所追求的仍是屬靈智慧，縱使監督、執事得使徒授命，許多地方教會均重視先知、教師多於他們；為此有使徒教父特意呼籲信眾：「當為你們自己推選配為主用的人為監督和執事……因為他們亦為你們執行眾先知和教師的職務。所以不可輕視他們，因為他們連同眾先知和教師，都是你們中間當受尊崇的人。」（《十二使徒遺訓》15.1～2）

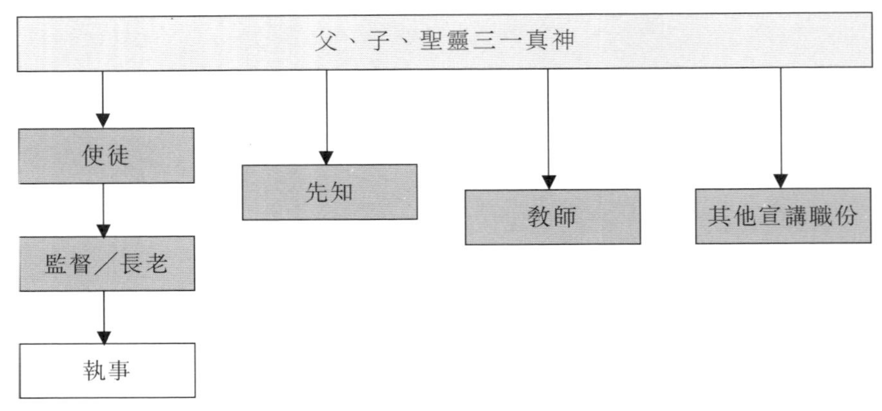

9.1.2. 相互平等的關係

基督教會起始於耶路撒冷，後逐漸傳遍猶大、撒瑪利亞，以致帝國內各大城市，如安提阿、以弗所、哥林多、亞歷山太、羅馬等。由於此時各地教會人數不多，羣體不同，相距遙遠，各地方教會均相當獨立自主。雖說歷史一再見證，窮乏微弱的農村教會每多要附從於財雄勢大的城市教會，但除耶路撒冷附近的巴勒斯坦郊區外，相信福音此時尚未真正傳達農村鄉鎮。縱使後來傳入，素來對新鮮事物保守的村民也不會即時大量歸主，最早的農村教會估計要到2世紀初才開始出現。可以說使徒時期的教會，除猶大和撒瑪利亞等少數省份外，絕大部分均集中在城市，沒有附屬堂會。

雖然各城市的教會互不從屬，但由於十二使徒出於耶路撒冷，保羅和巴拿巴差派自安提阿，因此這兩處教會有時會因使徒的存在而擁有略高地位。商討整體教會大事，辯論外邦信徒是否需要守律法，會議要在耶路撒冷召開（徒十五1～21）；保羅每次宣教旅程後，皆回到安提阿「述職」（徒十四26，十八22）。由於耶路撒冷受到額外尊崇全因使徒的歸屬，所以當眾使徒於一世紀末相繼離世，其相對較高的地位也隨之逐漸消失。

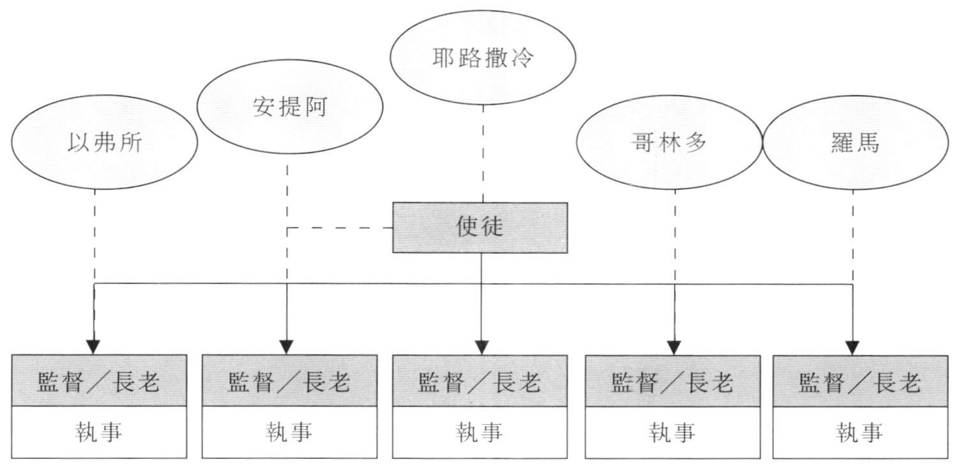

9.2. 磨難時期的包容

隨著時間過去，羣眾追求屬靈啟示的熱情漸減，信仰生活開始變成羣體的習慣模式。加上諾斯底主義和孟他努主義等號稱來自屬天奧秘的宣講，一再被指斥是有違真道，先知等屬靈職份的地位愈來愈備受質疑。相反，監督、執事等建制內的行政職份，卻因教會架構的健全化、制度化而獲得提升。到2世紀初，主教〔監督〕的領導地位已完全獲得肯定，成為教會羣體的中心。

9.2.1. 領導團隊的組成

在新約聖經中，監督和長老原是同一職銜，且幾乎全以眾數出現。地方教會原初是由多位監督，聯同當地擁有屬靈職份的先知、教師等共同領導。基於行政需要，單一主教制度於2世紀初開始出現，「監督」〔即主教〕和「長老」兩個職銜亦從此逐漸分開。由於信徒人數增多，基於事奉需求，一些次級聖職亦於3世紀初開始出現，他們協助原有的主教、長老和執事，組成領導和牧養的團隊。

a. 主教 (Bishop)：只有一位，是地方教會的最高領導人。主持堂會一切重要會議，計劃發展方向，選拔及按立各級聖職人員，分配城內、城外的工作人手；有權管理大小行政事務，包括財務安排及慈惠捐獻等；主領如崇拜、水禮、聖餐等各類聚會，並於講壇上宣講教導。對外代表教會簽發文件、出席會議。

b. 長老 (Presbyter)：即後世的神父，有數位。由主教領導的長老會議，是地方教會的最高行政組織。除按立聖職外，長老有權主持一切宗教禮儀和聚會。當信眾人數加增，需要在城內別處或城外鄉鎮另設聚會地點，教會往往會安排一位長老駐守該處，代表主教領導羣眾，處理新址大小行政和牧養事宜。

c. 執事 (Deacon)：數目不定，地位低於長老，屬輔助性、事務性的職份。負責協助分發聖餐、施行水禮、安排愛筵，於聚會中維持秩序；將慈惠捐獻送交有需要的孤兒寡婦，照顧被囚的肢體；並管理教會物品資產，打理墳場和安葬事宜。執事許多時直接聽命於主教，任其副手，協助處理其職務。

d. 次級聖職 (Minor Orders)：包括副執事和讀經員等。副執事為執事的助手，職務與之相近。由於早期一些教會依據使徒行傳的榜樣，將執事數目限制為7位，在事奉工作愈來愈繁重的情況下，便產生副執事這職份以協助之。讀經員除在聚會中誦讀經文外，部分亦會被挑選出來，教授基礎的信仰課程。

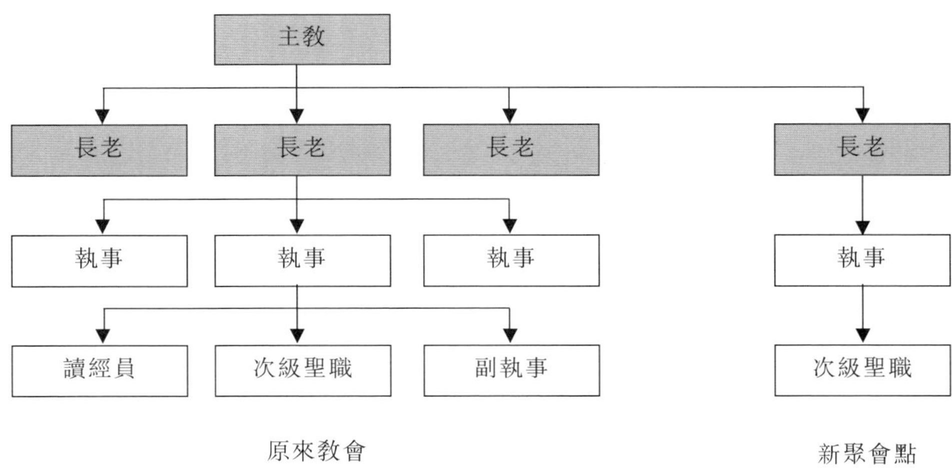

9.2.2. 教區架構的產生

在1世紀，教會主要分散建立在帝國內各主要城市。隨著這些最早期的大城市教會逐漸成長擴大，福音開始往附近的城市、鄉鎮流傳。當信徒人數增多，他們便自立教會。基於福音恩情和資源分佈，這些小城市內的新教會往往會附從於其母會之下。雖說一城市仍然只得一主教，但各主教的身份地位並非完全相等。鄉鎮的教會更往往只有一名長老主理，縱然有安排主教，這主教的地位也難與其他城市的主教並列，他們一般稱為「合和主教」(Chorepiscopus)。

另一方面，省會教會的地位卻被提升到省內各城市之上。雖然「省主教」這名稱要到公元325年的尼西亞會議才正式出現，但其領導地位早於3世紀已廣獲承認。此外，尼西亞會議亦肯定了羅馬、亞歷山太和安提阿這三大都會，擁有比省主教更高的總主教(Exarch)職權，能同時管轄多個省份的傳統(《尼西亞信條》6)。至於耶路撒冷教會，雖然仍受尊崇，但地位只能在省會該撒利亞的主教之下(《尼西亞信條》7)。

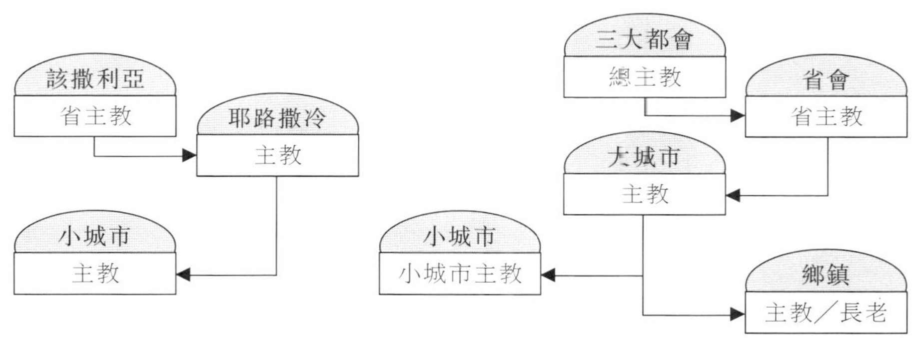

9.3. 安穩時期的協調

基督教成為合法宗教，且逐漸成為羅馬國教後，信徒人數大幅增長。為適切牧養這數目龐大、背景不同的信眾，合宜分配由政權贈予、信眾捐獻的巨款，妥善管理許多新建成、新擴大的教堂建築，更全面、更具規模的教階制度便相應形成。加上當時有許多異端、異見出現，為有效平息紛爭、判辨對錯、統一信仰，由各總主教、省主教領導的訟裁機制由此出現，他們的地位和權力亦隨之愈加提升，當中尤以羅馬的總主教最甚。

9.3.1. 輔助聖職的加增

在安穩時期，教會有多元的發展，同時亦增加了許多次等的輔助聖職。4世紀末的《使徒憲章》，將眾主教比喻為大祭司，眾長老為祭司，而眾執事聯同「你們的眾讀經員、眾領詠員、眾服務員、眾女執事、眾寡婦、眾獨身者、眾孤兒」則是利未人(《使徒憲章》2.4.25)，顯示這時教會職分之多。這些聖職有身份性、有功能性，有屬教會建制內、有建制外，而且絕大部分都是終身職份。除讀經員、領詠員等最低級的聖品外，單身人士一經按立，將永遠不能嫁娶。這些主教、長老、執事以外的輔助聖職，大致可分成4類：

a. 建制內的功能聖職：包括協助牧養、行政職務的副執事和女執事，在聚會中讀經及講解基礎信仰的讀經員，帶領歌頌、培訓詩班的領詠員，協助大小搬運、維修、看守等事務工作的服務員和守堂員，並專門為人禱告治病、驅趕邪靈的驅魔員。他們一般需要直接由主教按立或授命，表現良好可獲得晉升。

b. 建制內的身份聖職：包括由教會供養信主的孤兒寡婦，自少被遺棄、於教會長大、持守獨身的貞女，及立誓為信仰克苦己身的苦修士。這些人早於教會成立初期經已存在，但到4世紀才正式被視為聖職。他們一般無須主教任命，卻要在眾人面前立誓守貞、專心信仰。當修院後來被納入主教管轄時，他們便轉成修士和修女。

c. 建制外的功能聖職：堂會正常架構以外，自發組織之修道、傳道、服務羣體的領導或服務人員，如修道院長和傳道教士等。隨著主教的職權擴大，這些羣體逐漸成為地方教會的附屬部門或組織。不少教會後來更設立地位僅次於主教的修院牧首(Archimandrite)職位，以統轄、監管各處修道羣體的運作。

d. 建制外的身份聖職：指無須倚靠地方堂會供養，卻立誓為信仰持守獨身、專心操練的寡婦、貞女、修士和修女。他們部分由富有的婦女支持，於城市內的屋院聚居，定期到堂會聚會；部分退隱偏遠荒野沙漠，藉耕種作業自給自足。這些人在5、6世紀逐步被吸納在附屬於地方堂會的修道團體之內。

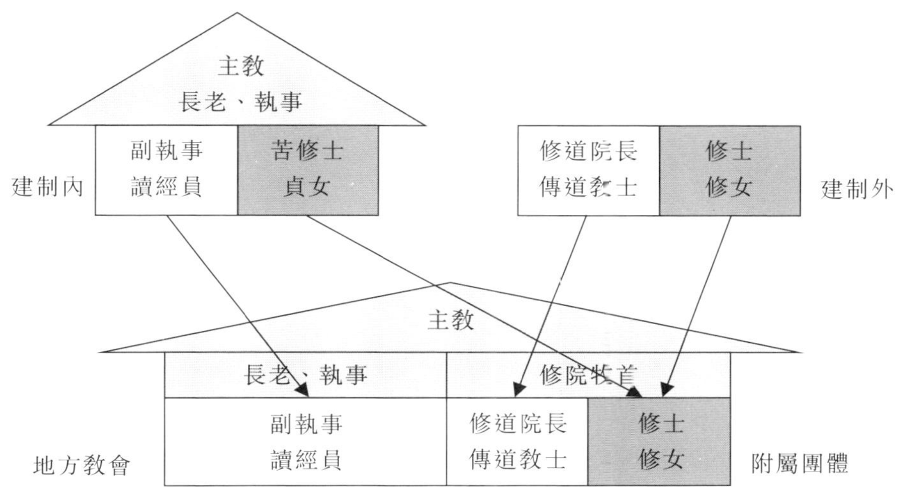

9.3.2. 教階制度的雛型

君士坦丁皇帝統一全國不久，即遷都至東方的君士坦丁堡。作為新首都可以經常與帝皇接觸的教會首領，君士坦丁堡主教很快便獲得特別尊崇，地位不斷提升。於381年的第2次大公會議上，他更獲得與羅馬、亞歷山太等並列的總主教身份，有權同時管轄附近數個省份，成為普世教會羣體的最高領袖之一。基於種種原因，耶路撒冷主教的地位亦於5世紀再度提升，並在451年的第4次大公會議上，獲贈予治理巴勒斯坦3個省份之總主教職權。自6世紀開始，羅馬、君士坦丁堡、亞歷山太、安提阿和耶路撒冷這5位擁有特高權柄的總主教，獲廣泛尊稱為「主教長」。

雖然有相同職份稱銜，各自分區管轄帝國內不同範圍，但羅馬主教卻擁有比其他主教長略高的地位，差異且不斷擴大。究其原因最少有以下3點：

a. 首府地位的影響：這是羅馬教會地位高升的主要原因。基於物資分佈和城市地位，教會很早期已有仿效羅馬城邦體制的傾向。正因這緣故，省主教獲授管轄省內其他城市主教的權力，君士坦丁堡主教後來亦以身處新首府為由獲得主教長地位。

b. 仲裁爭議的機會：5位主教長中，4位皆在東方，惟有羅馬教會能獨善其身於西方。在4、5世紀東方教會牽起的連串神學爭議中，西方羅馬的取態常是勝敗得失的關鍵，其主教也間接成了判辨其他主教長對錯的仲裁人。為拉攏支持，部分主教長惟有吹捧羅馬，以致羅馬的地位不斷上升。

c. 使徒統緒的觀念：羅馬教會一直斷言其主教職位源自彼得，是使徒統緒的真正承繼人。雖然早期教父講論使徒統緒，多泛指不同階級、不同地方的聖職人員，但隨著羅馬教會地位上升，為求討好、拉攏，其他教會也相繼承認其傳承身份。如此，原來沒有足夠根據的宣稱，便成了後世教會代代持守的信念，直到宗教改革時才遭受挑戰。

在此有一點必須留意，雖然羅馬教會一直聲言擁有最高的領導地位，有這樣、那樣權柄，但其宣稱往往不是即時為各處教會接受。君士坦丁堡教會更一直不接受羅馬的專權，時常與之抗衡。新仇舊恨不斷累積，結果造成了1054年的大分裂，產生了今日的天主教和東正教。

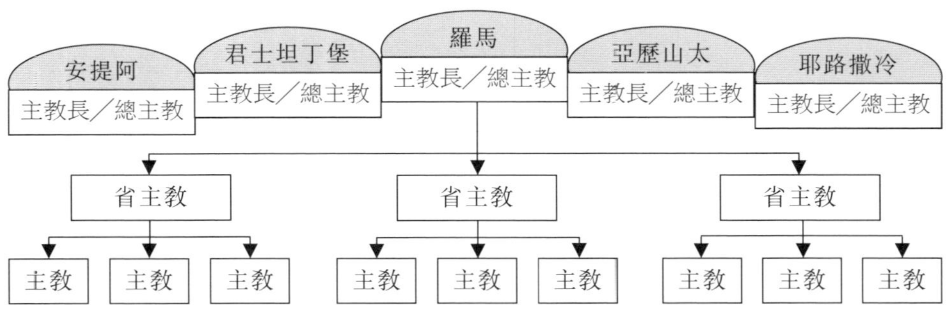

9.4. 主教會議的需要

雖然地方教會於使徒相繼離世後不久，於2世紀初已有單一主教制度興起，解決內部爭議，但主教與主教間的意見分歧又如何解決？自3世紀初開始，各區主教即定期召開地區性會議，商討教會行政，調解差異立場。省主教於此扮演領導角色，而羅馬、亞歷山太和安提阿的崇高地位，亦於這些地區性會議中獲得肯定。然而各大區域間的分歧，如亞歷山太和安提阿學派間的神學爭議，此時仍未有完善的協調機制。基督教成為合法宗教後，羅馬政權為聚合國內的宗教力量，遂推動並資助召開全國性的大公會議，使不同見解得以在會議桌上，透過開放商討解決，以加強合一。

9.4.1. 整頓教內的問題

對不少稍微認識教會歷史的人來說，主教會議的成果就是制訂信經，如《尼西亞信經》和《迦克墩信經》等。但實際上，主教會議更多時候是商討教會的行政與法規事宜。除信經外，他們還針對當前需要，制訂許多信條，以及統一解決方案。在地方教會層面，他們處理的問題可分為以下幾類：

a. 堂會規則：要求堂會內所有人遵守的聚會及生活標準。例如當時主日崇拜禱告，有人站立、有人跪下。為求統一，大公會議要求所有人一致站立。此外，會議又規定除母親、姊妹等不受嫌疑的人外，不得與其他異性同住；借錢放高利貸，亦受嚴厲禁止。

b. 聖職升黜：長老、執事等聖職獲得晉升或遭廢黜的原則。例如初入教者必須於受洗後經過一段相當時間的磨煉和觀察，否則不得受任為長老。女性必須年過40，才可受按為女執事。除因身體問題被醫生施以手術外，任何自閹、被閹者均不可受任聖職，擁有聖職者也當受罷免。

c. 職權範圍：劃定各聖職人員的職權範圍。例如執事必須自我約束，不可與長老平起平坐，也不可像老長一樣施派聖餐，就是在長老以先接觸聖餐也屬不該。各級聖品，不論是主教、長老或執事，只能在其受按區域行使職權，大公會議規定他們不可隨意穿州過省，以免造成混亂。

d. 異端收納：異端、分離教派返回大公教會的處理原則。例如當時有強調全然聖潔的分離羣體迦他利派（Cathari）（又稱諾窪天派〔Novatians〕），為回復合一，大公會議規定他們的聖品若然回轉，全可恢復原職；惟他們的主教只能獲得長老或合和主教的地位，不可與正統主教並列。

e. 周邊關係：協調地方教會與周邊羣體的關係，使他們妥善受主教管轄。例如大公會議要求所有修士順服其主教，禁止任何人在未得主教許可的情況下，擅自建立修院。又規定省內的鄉鎮村落，應繼續服從於治理他們的城市主教之下；若有任何爭議，當上訴至省主教或主教長。

城市與鄉鎮教會的從屬關係

每省內遙遠或鄉村的教區應繼續服從現在治理他們的主教，尤其倘該主教在過去30年內和平且持續地治理他們。然而若在過往30年裏，它們曾經或正在發生爭端，那些心懷不平者可向省教會的議會上訴。若有何人被省主教所屈枉，如前所述，伸訴要由該教區的總主教或君士坦丁堡的主教長裁決。……

《迦克墩會議信條》17

9.4.2. 協調彼此的關係

除整頓教內問題、統一處理標準外，主教會議更重要的職能，是協調主教、省主教、主教長間的相互關係：定出各級主教的職權和限制，列出上訴原則，劃定轄區範圍等。除在信仰教義上確立標準、懲處異端外，主教會議在普世教會層面所作的議案，大致可歸納為下列5個類別：

a. 主教授任：各地主教授任聖職的條件和步驟。例如新主教必須在空缺出現3個月內，由省內所有主教推選，即使時間緊迫不能照辦，最少也要有3位主教聚集，且得缺席的眾主教書面同意，才可按立。新主教的身份和職權，最後還要經過省主教的認證，方為有效。

b. 職權協調：各主教必須互相尊重，不可侵越他人權力範圍。例如主教不可在本身教區以外施行聖職封授；被本身主教罷黜的，除經省議會眾主教共同審理，認為合宜，否則任何其他主教皆不可在未得原有主教的同意下，使該人復職，或另加按立。

c. 省內事務：定規各省議會的運作模式，及省主教的權責。例如大公會議規定各省必須每年兩次召開地區性主教會議，一次在春季預苦期，一次在秋季，以商討、落實省內各教會要務，調解糾紛，處理上訴。會議地點當由省主教指定。

d. 立主教長：確認各總主教、主教長管轄附近多個省份的職權。例如埃及、利比亞、彭他波里歸屬亞歷山太主教之下，安提阿主教可治理腓尼基、阿拉伯等省份，君士坦丁堡主教之職權廣及本都、亞細亞和特拉吉亞，而耶路撒冷主教則管治巴勒斯坦3個省份。

e. 矛盾處理：就各級投訴程序訂立上訴機制，以能公正解決矛盾。基本上，聖職人員間的衝突當由所屬地區的主教處理。若有人指控本區或其他主教，就應由省議會審理；若有主教或聖品與省主教不和，就當求助於總主教、主教長。

各主教不得越區行使職權

主教不可越過及擾亂自己的教區範圍以外的教會；倒要按照教條讓亞歷山太主教治理埃及的事宜，讓東方的眾主教治理東方；安提阿教會在尼西亞教條上記載的特權可得保留，讓亞細亞主教區的眾主教自行治理亞細亞的事。……主教若非受到邀請，不可在其教區外進行聖職封授或其他教會事務。

《君士坦丁堡會議信條》2

溫習及思考問題

1. 下圖為使徒時期的整體教會架構，試根據本章內容，填補各空格部分。

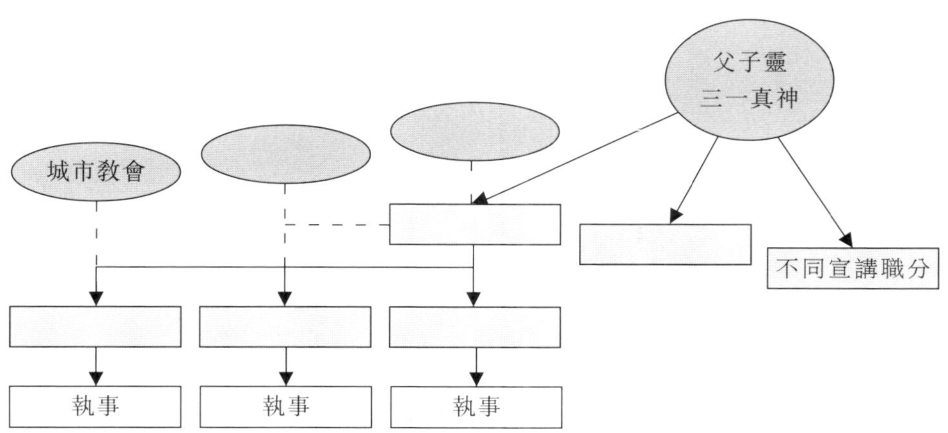

2. 試根據本章提示，於下表中繪畫出耶路撒冷教會在地位上的演變？

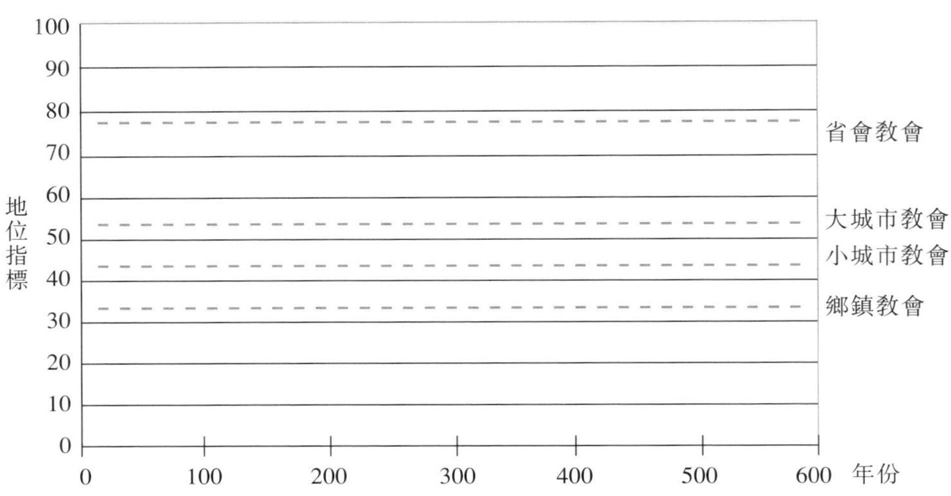

3. 下圖為安穩時期的整體教會架構，試根據本章內容，填補各空格部分。

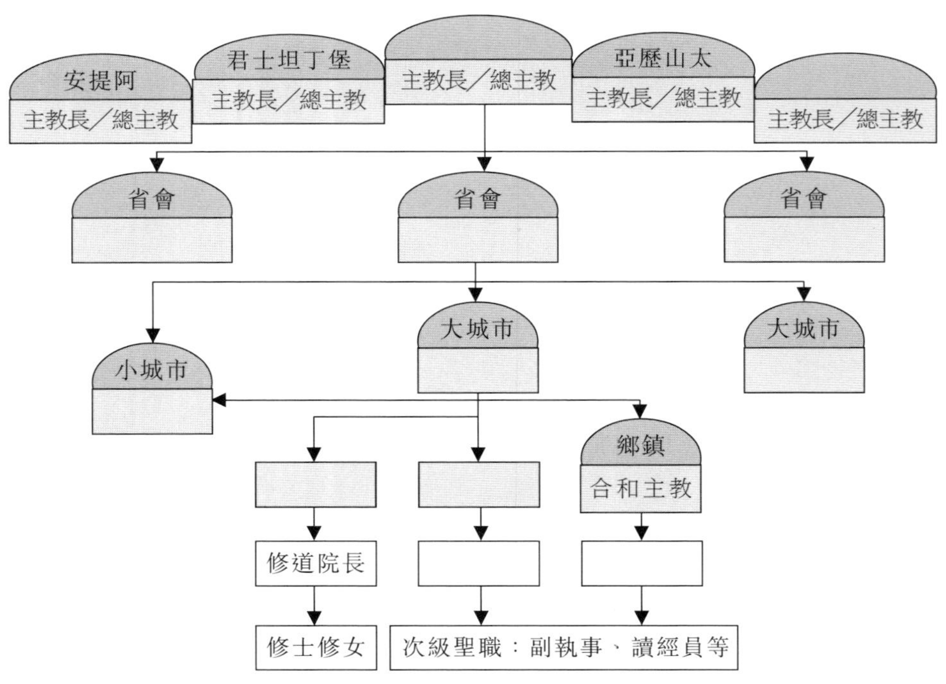

4. 有何原因使教會體制架構不斷擴大發展？

______

______

5. 你認為以主教長、主教為首的教階制度，有何優點與缺點？現代基督教的監督制、長老制和會眾制如何能改善之？

優點：______

缺點：______

改善：______

______

6. 監督制、長老制和會眾制，你認為哪個較好？為甚麼？

______

______

7. 初期教會的主教會議議案，可分成哪幾類？

地方教會內：______

______

地方教會外：______

______

8. 你認為初期教會的主教會議有何得失？這對今日的教會會議有何提醒？

______

______

進深閱讀書目

依曼．杜菲(Eamon Duffy)：《聖人與罪人：教宗的故事》。王憲羣譯。台北：新新聞，2000。

章文新(Franeis Price Jones)等編：《拉丁教會文集》。馬葆煉等譯。香港：文藝，1990。

Collins, Paul. *Upon this Rock: the Popes and their Changing Role*. New York: Crossroad, 2000.

Tanner, Norman P., ed. *Decrees of the Ecumenical Councils*. Vol. 1. London: Sheed & Ward / Washington: Georgetown University Press, 1990.

信仰生活

基督徒羣體的信仰生活，是結合屬靈傳統、神學教義、教會體制各種元素的具體行為表達。初期教會的宗教習慣，有一直流傳至今，也有早被遺忘。作為本書最後一環，本章嘗試概要敍述初期教會羣體，在一般時日和特殊節慶裏的聚會安排及演變，讓讀者更深體會昔日信徒的生活實況。在此有兩點需要留意：首先，有關初期教會信徒生活的研究，現代學者只能根據仍有資料留存的少數樣本。由於當時教會分佈羅馬帝國各處，彼此有相當種族與文化上的差距，聚會情況肯定會有一定的多元性，理解必須要小心，切勿以偏蓋全。其次，為求簡潔集中，本章選擇只探討早期基督徒的羣體聚會。需要緊記，在這些活動以外，他們還有許多個人性、家庭性的信仰生活，如每日的定時禱告和苦修操練等。他們對宗教信仰的付出，一般比現代基督徒為多。

10.1. 信眾恆常的聚會

根據聖經記載，在教會成立之初，基督徒「天天同心合意恆切的在殿裏，且在家中擘餅，存著歡喜、誠實的心用飯」(徒二46)。他們都認為主耶穌快將再臨，於是變賣一切，天天聚會。當時他們的聚會並無固定形式，但相信擘餅、愛筵、讀經、禱告、讚美和敬拜，是常見活動。

10.1.1. 聚會時間的演變

當信徒羣體逐漸意識到主耶穌短期內不會再來，為維持日常生計，他們便開始重新出外工作。由於當時並無週日放假慣例，信徒若要聚會，就得選擇工作以外時間。1世紀末的皮里紐見證，早期的基督徒慣常在一個特定日子，在天亮以前進行敬拜。不難推斷，這日子就是「主日」。很早時期信徒羣體已選擇於主日聚集，聖經記載當保羅在特羅亞時，他們在「七日的第一日」

聚會（徒二十7）；《十二使徒遺訓》亦有同樣見證，指他們是在主日相聚擘餅。在教會遭受逼迫時期，這種破曉前的聚會更可為信徒添加額外保障，減少被捕風險。特土良3世紀初的著述《論冠冕》（*On the Crown*），仍形容他們的集會是在「黎明以前」。這情況一直延續，直到4世紀初基督教獲得合法地位，皇帝君士坦丁下令全國必須於主日休息為止。此後，聚會時間略微延遲到天亮之後，以方便普羅信眾。

希坡律陀的《使徒傳統》見證指出，基於現實需要，自2世紀末開始部分地方教會在主日清晨崇拜以外，加添晚間聚會。隨著信徒人數不斷上升，教會活動有增無減。除主日的崇拜外，初期教會還有一些每天舉行，參加人數較少的早禱和晚禱活動。這種禱告習慣源自猶太教，主耶穌傳道期間亦經常實踐（參可一35，六46），成為後世信徒的榜樣。由於這類禱告聚會頻繁，參加者多是聖品、修士或修女，平信徒一般參與較少。

	使徒初期	磨難時期	安穩時期
聚會密度	每天	每週主日	每週主日
聚會時間	全日	天亮以前	天亮以後
聚會長度	不定	約1～3小時	約2～6小時
附註	1. 信徒共同生活 2. 經常禱告讚美	1. 後期加添晚堂 2. 每天早禱晚禱	1. 加添更多聚會 2. 維持早禱晚禱

10.1.2. 內容程序的發展

最早期的教會聚會，並無固定程序。哥林多教會受感動説話的人，可以隨意起來宣講，結果造成不少混亂，以致保羅特意提醒他們要「一個一個的作先知講道」（林前十四31），「凡事都要規規矩矩的按著次序行」（林前十四40）。隨著初期信徒追求屬靈奧秘和真理啟示的熱潮漸漸減退，教會不論在架構制度或活動運作上均愈來愈形式化、固定化。1世紀末羅馬的革利免強調：「我們做任何事情都應有秩序，這是主命令我們的；祂指令要向祂獻祭、給祂服事，這些事絕不可輕率隨意，當在指定時間裏進行。」（《革利免一書》40）此後，教會聚會讓信徒「即興」的空間愈來愈少。到4世紀基督教地位提升後，聚會連禱告內容也逐漸受到限制，領禱者要按原先擬定的禱文宣讀，不可隨意增減。

初期的基督徒聚會，多跟隨猶太會堂的傳統習慣。他們採用猶太人的詩歌和禱告形式，誦讀律法和先知書卷，並加以講解。惟不同的是解經時會加入基督教的亮光，並會宣讀使徒的著作。使徒行傳二十章記載，保羅在特羅亞的聚會，內容主要就是猶太教常見的講道和擘餅。與現代主日崇拜相比，初期教會有一個已近失傳的重點，就是強調聚會開始時必須先認罪，與仇敵和好，他們相信惟有這樣先潔淨自己，聚會才會蒙神悅納。後來聚會逐漸偏離猶太傳統，基督教本身的特色愈來愈濃。2世紀初的游斯丁記載當時的聚會，有5個主要程序：讀經、講道、禱告、聖餐、奉獻。這程序到安穩時期仍沒有多大轉變，惟內容普遍加厚豐富。例如讀經選用順序誦讀舊約經卷、保羅書信和福音書的三代經訓，中間且同唱大衛之詩；講道時間也大大加長，由眾長老和主教按著次序，由小到大逐一出來訓勉。

	使徒時期	磨難時期	安穩時期
聚會主持	會眾受感說話	主教及眾長老	主教及眾長老
會眾分佈	較隨意、混亂	男女簡單分開站立	男女老少分區坐下
聚會特色	不固定／仿似猶太教	較固定／偏離猶太教	很固定／內容較繁複
聚會程序	1. 認罪及與仇敵和好 2. 講道、擘餅及讚美	1. 誦讀新舊約書卷 2. 主教宣講及勉勵 3. 全會眾起來禱告 4. 主席帶領守聖餐 5. 各信眾自由捐獻	1. 順序誦讀三代經訓 2. 長老主教逐一訓勉 3. 一同站立向神禱告 4. 主教帶領同守聖餐 執事協助分給各人

磨難時期的聚會程序	安穩時期的聚會程序
在稱為主日的那天，住在城市或鄉鎮的所有人皆要聚在一處。在容許的時間內，誦讀眾使徒的記錄或眾先知的著作。讀畢以後，主席宣講並勉勵仿效這些善行。隨後，我們全體起來禱告。如前所述，當我們禱告完畢後，就拿出餅、酒和水來，主席盡力奉上禱告和感謝，會眾同應阿們；然後	主教位於中央，眾長老坐在兩旁，眾執事侍候。……讀經員要站在高處，頌讀摩西的書卷。……讀使徒行傳，及我們同工保羅在聖靈導引下寫給眾教會的書信。然後，一位執事或長老讀福音書。……下一步，眾長老逐一起來勉勵　眾，最後是主教。……執事要監察會眾，禁止任何人私

就分給各人，並由執事送給那些不能出席的人。會眾中有錢又樂意的，可隨己意奉獻，獻金暫由主席保管，用以賙濟孤兒寡婦，因患病或其他理由而有需要的，並那些受捆綁和寄居在我們中間的。

游斯丁：《護教書》67

下耳語、沉睡發呆、嘲弄發笑或點頭打盹。……禱告完畢，部分執事要以敬畏之心上前協助聖餐禮。……大祭司為眾人的平安禱告，祝福他們。……各級信徒要按著次序領受主的身體和寶血。……

《使徒憲章》2.7.57

10.2. 教會特殊的禮儀

雖然初期教會早有按手禮、授職禮，在4、5世紀且增添了許多如婚禮、喪禮等不同禮儀，但源流最古、最受重視的，仍是主耶穌所設立的水禮和聖餐。中世紀教會高舉的7個聖禮當中，只有這兩個為宗教改革家所承認。然而不可不知，這兩個禮儀的施行在初期教會裏亦曾有一定程度的演變。

10.2.1. 施行水禮的習慣

水禮之於教會受到重視，乃因主耶穌臨升天前頒下的大使命「奉父、子、聖靈的名給他們施洗」(太二十八19)。聖經並沒有詳細講解水禮的施行規則和要求。根據路加的表述，最初的做法是信主後隨即接受水禮(徒八35～39，十六30～33)。然而到1世紀末，教會已廣泛要求受洗者事先接受一連串要理教導，早兩天前禁食預備己心，方可受洗。至於要理教導的內容則各處不同，有專注道德教化，有教導神學教義，也有介紹教會體制和活動的。在現存歷史資料中，《十二使徒遺訓》上半部的「兩條門路」應是最早期的要理教程。其他時期較晚的洗禮班教材，有米蘭主教安波羅修的《論聖禮》(*The Sacraments*)，和屈梭多模的《水禮要道》(*Baptismal Catechesis*)等。

至於水禮的施行模式，歷來有不少爭議。根據現代學者對《十二使徒遺訓》的研究，最初的水禮應是在流動的泉水、河水或海水中奉三一神之名施浸，後來因著種種實踐上的需要，教會加上一連串特殊處境下的另類選擇，包括在浸缸中施禮或改用澆灌禮。此時的水禮，受洗者需奉聖父、聖子和聖靈的名，分別浸入水中3次。特土良為此解釋：「祂不是命令他們奉一位神施浸，而是奉父、子、聖靈的名；事實上，我們歸入這三個位格，是奉祂們每一位的名，不是浸1次，而是3次。」(特土良：《反駁帕克西亞》26) 後期4世紀末的《使徒憲章》更補充指出，水禮可由主教或長老施行。施禮前要用油膏抹受禮者的頭，以代表靈洗；水禮後要抹上香膏，作為立約的印記。

二世紀的水禮實施原則	四世紀的水禮實施程序
論到水禮，當如此施行：教授這一切以後，要在活水裏奉父、子、聖靈的名施浸。如沒有活水，可在別的水裏施浸；若不能用冷的，溫的也可以。若兩者都沒有，可奉父、子、聖靈的名3次澆水在頭上。水禮以先，施浸者、受浸者和其他能的人都當禁食；要囑咐受浸者一兩天前禁食。 《十二使徒遺訓》7.1～4	要用聖油膏抹那些將要受禮者的頭，不論男女，以代表靈洗。然後，或是你主教，或是你以下的一位長老，要以嚴肅的態度，在他們以上宣告父、子、聖靈的名，並浸他們在水中。男的安排一位執事接過他，女的安排女執事。……此後，主教要為已受浸者抹上香膏。 《使徒憲章》3.2.16

10.2.2. 同守聖餐的風俗

跟水禮一樣，聖餐是直接由主耶穌所設立的禮儀；在最後晚餐時，祂分發餅和杯，並命令「你們也應當如此行，為的是記念我。」(路二十二19) 在教會成立之初，信徒每天擘餅守餐；後來聚會減少，便改為每週1次。早於1世紀末，教會已普遍規定聖餐要由監督或長老主領，受禮者必須為已經受洗入教的基督徒。此要求一直延續，長久未變。至於守餐時間則各地不同，有在主日清晨崇拜期間，也有許多教父如居普良等認為應跟隨主的榜樣，在晚飯後才守餐。

聖餐的程序大致是由主禮人祝謝祈禱，然後舉杯擘餅，分給眾人。祝謝的禱詞，原以感謝為主，主教或長老按自己能力盡量祈禱感恩。後來到4世紀，祝謝逐漸改用預先擬定的禱文，內容除添上許多經文節錄和先輩名言外，也加入祈願聖靈臨在餅和杯中間的呼求。雖然後期天主教的化質說教義，視餅和酒確實在祝謝後化成基督的身體和寶血，在此時尚未形成，但初期信徒普遍亦相當珍視這聖餐，任何餅或酒掉落地上，他們都會感到心痛；未能出席聚會的肢體，他們更會安排執事專程將餅和酒送上。

一世紀末的聖餐程序	四世紀末的聖餐程序
至於聖餐，要如此感謝。首先對杯：「父，為祢透過祢僕人耶穌讓我們認識的大衛子孫，我們感謝祢，願榮耀永遠歸祢。」對餅：「父，為祢透過祢僕人耶穌給我們的生命和知識，我們感謝祢，願榮耀永遠歸祢。即使這餅被擘分各山嶺，也會聚合成一；同樣願祢的教會從地極聚集到祢的國度，因為榮耀和權能全是祢的，直到永遠。」《十二使徒遺訓》9.1～4	主教要為會眾禱告說：「主阿！拯救祢的子民，祝福祢藉著基督寶血獲得的產業，就是被稱為君尊祭司、聖潔子民的。」然後就獻上祭品，眾人要站立安靜祈禱；當聖餐備妥，各級信徒要按著次序領受主的身體和寶血。他們前來要帶著尊敬和畏懼之心，如同覲見君王的身體。婦女前來要蒙頭，因為這是她們的本份。……《使徒憲章》2.7.57

10.3. 週年循環的節期

除恆常的宗教活動外，教會還有一些特別節期的聚會。最早期的信徒羣體有強烈的末世意識，他們天天聚會，時刻記念主，並沒有特別的節期意識。他們重新恢復工作後不久，週日很快便受到重視，被稱為「主日」、「復活之日」，許多教會活動皆安排於此日進行。相對地，週年紀念的基督教節期較遲出現。最早的也要到2世紀才正式為普遍信徒羣體所認同，其中最為初期教會重視的是復活節。

10.3.1. 教會年曆的演進

復活節原為猶太人的逾越節。在教會羣體中，最先守這節的是小亞細亞教會，他們在這日紀念主耶穌的釘死和復活。到2世紀初，這風習才逐漸傳往其他城市，於各處流行。後來，守這節期的要求增多，事前預備心志的禁食齋期也不斷延長。第二個出現的基督教節期，是同樣源自猶太教的五旬節。此節期約於2世紀中開始流行，時間為復活節後50天，信徒於此日紀念主耶穌的升天和聖靈的降臨。多位教父如愛任紐、特土良等均強調，復活節至五旬節間的50天為歡欣高興的日子，所有基督徒均不應屈膝或禁食。俄利根曾於3世紀中寫道：「我們習慣遵守某些節期，如主日、預備日、復活節、五旬節等。」（俄利根：《反駁克理索》8.22）這幾個日子似乎就是磨難時期教會年曆的主要內涵。雖然在此階段晚期，部分地方教會已開始劃定日期紀念個別殉道烈士，東方教會亦開始定1月6日為主顯節，紀念主耶穌受洗顯現為救世主，但始終並未普及流行。

君士坦丁以後，基督教的節期不斷增多。12月25日的聖誕節最先於西方教會流行；隨著東西交流，主顯節和聖誕節很快便在全國普及。與此同時，原初只在個別地區給某些殉道烈士的紀念，亦開始傳到其他教會，成為共同持守的節期。除殉道士外，教會此時又在年曆上添上多個紀念個別聖經人物、重要主教或著名修士的節期。其中最受關注的是耶穌的母親馬利亞，屬於她的節期有4個，分別紀念她的誕生（9月8日）、天使報喜（3月25日）、聖殿獻主（2月2日）和離世安息（8月15日）。

		使徒時期	磨難時期	安穩時期
主日		◎開始普及	●經已普及	●經已普及
復活節		○未見紀念	◎開始普及	●經已普及
五旬節		○未見紀念	◎開始普及	●經已普及
主顯節		○未見紀念	▲局部地區	◎開始普及
聖誕節		○未見紀念	○未見紀念	◎開始普及
聖徒節期	殉道士	○未見紀念	▲局部地區	◎開始普及
	馬利亞	○未見紀念	○未見紀念	◎開始普及
教會名人		○未見紀念	○未見紀念	◎開始普及

四世紀末教會年曆上的主要節期

弟兄們，當守各節期。首先是誕生之日，當在第九月的25日〔即12月25日〕慶祝。隨後要給主顯節最高的榮耀，主就在那日顯出祂的神性；當在10月6日〔即1月6日〕守節。下一步，要守大齋期的禁食，記念我們主的生平和教導；這個莊嚴儀式當在復活節的禁食前遵守，由該星期第二日開始，到預備日結束。解除禁食，結束這莊嚴儀式後，就要開始復活節的受難週，你們所有人都要在這星期內以畏懼、戰慄的心禁食。……從復活節開始，計算40日，從主日到該星期第五日，要慶祝主升天的節期。……守完五旬節後，要多禁食一週；因為慶祝神的恩惠，並在放鬆後禁食是合宜的。……

《使徒憲章》5.3.13，19～20

10.3.2. 守復活節的規則

復活節是初期教會最重視、最早流行的節期，然而它亦曾經歷許多爭議和演變。其中問題最大的是復活節日期的計算，單在2至7世紀，大型的爭拗就已最少爆發4次，直到今時今日守節日期仍未完全統一。主耶穌受死復活，既在猶太人的逾越節，又從週五到週日，這兩套日子多不重疊，究竟守節應以哪日為準？當時羅馬帝國普遍採用陽曆，但傳統的逾越節則在猶太陰曆正月14日，教會應選用哪套曆法？初期教會計算復活節，可謂各施各法，有跟猶太人的逾越節，有選擇隨後的週末，而以羅馬為首的教會，則採用陽曆的計算方式。公元325年的尼西亞會議接納了羅馬的傳統，將復活節定為陽曆春分3月21日後，第一個月圓望日後的第一個主日，前一週的週五為受難日。雖然今日大部分教會均採這原則計算，但亦有不認同的。

> 此外，亦有爭論春分究竟在3月21日還是25日？當時羅馬曆法的不完善，亦造成日後許多爭拗。

早期2世紀的復活節，信徒只需在節期前一、二天禁食，以準備己心；後來到3世紀，禁食延長到7日，視為受難週的操練，以記念主踏上十字的路途；到4世紀後期，教會開始要求信眾禁食40天，由此開展大齋期的傳統。至於復活節當日的活動，2世紀末教父墨利托指出，他們當時有禁食、讀經、唱詩、守餐和講道等環節。由於復活節前的禁食跟受洗前的預備類似，水禮亦預表與基督同死、同埋葬、同復活，主題與復活節相稱，因此自3世紀開始，復活節即成為初信者受洗的「黃金檔期」，水禮也變成復活節慶祝其中一個高峯。

復活節日期的計算

會議席上曾商討有關復活節至聖日的問題，所有與會者一致同意，各地所有人均應在同一日裏守這節期。……首先，我們不應與猶太人一同慶祝，他們以許多罪惡不虔地污穢自己的手，……因此我們以另一方法記念我們的救主。……我個人認為，議決應合乎閣下的睿智，盼望你的智慧會樂於接受全體的判斷，接受羅馬城、非洲、全意大利、埃及、西班牙、高盧、不列顛、利比亞和全希臘，並亞細亞、本都和基利家，現時採用的習慣。

優西比烏：《君士坦丁傳》3.18

10.4. 建築藝術的演變

五旬節聖靈降臨後，初期信徒雖一起生活，在家中擘餅、讚美神，但主要聚會的地方，仍是他們天天前去的聖殿，特別是內裏的所羅門廊下（徒四1，五12）。及至後來遭猶太領袖多次攔阻，受到迫害，才移師他處，改以家庭聚會為主。公元70年聖殿被毀，所羅門廊下的活動也完全終止。

10.4.1. 私人屋內的教會

很早時期，教會已在個別信徒領袖家中聚會。聖經曾多次提及這類家庭集會，如馬可母親馬利亞家中的禱告會（徒十二12），亞居拉夫婦及腓利門家裏的教會（林前十六19；門2）等。當時他們多圍繞晚餐桌聚會，地方一般只可容納10～20人。隨著信徒人數增多，為方便團體敬拜和活動需要，教會於2世紀初開始在特定經改建的私人大屋內聚會。其中最典型的例子是位於幼發拉底河旁杜拉歐羅普斯（Dura-Europos）的初期教會遺址：該教會約於公元231～256年間建立，各處牆上滿有以基督信仰為主題的壁畫。主要用來崇拜的聖堂由兩房打通，約可容納100人，末處有臺階擺放聖壇。聖堂旁邊和樓上有一些房間，可供要理教導之用，內裏還有一個由浴缸改成的淺水浸池。由於初期教父如愛任紐、特土良等均強調，主日是喜樂慶祝的日子，任何人都不應屈膝或禁食，所以當時信眾全部站立聚會，遺址內完全沒有座椅擺放的痕迹。

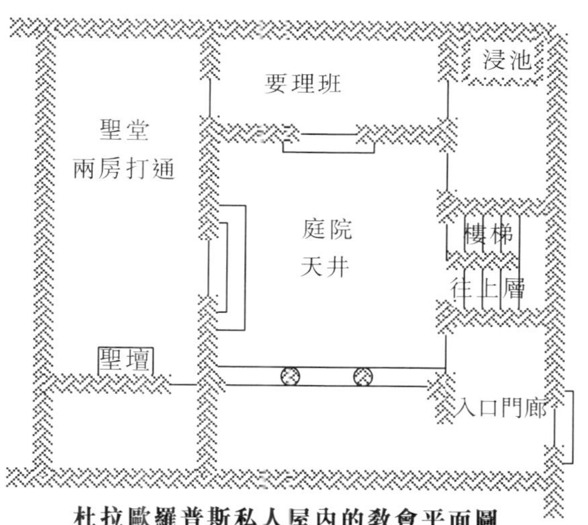

杜拉歐羅普斯私人屋內的教會平面圖

另外又有歷史證據顯示，初期教會亦會甚具彈性地在不同地方聚會。例如在逼迫時期，特別在政權監控較強的城市如羅馬等，信徒羣體會秘密退隱到墳墓裏聚會。這些地下墓穴不單人煙稀少，不易被外人發覺，內裏更有不少地下通道，方便信徒躲避政權的追捕。自3世紀開始，教會亦廣泛採用當時常見的各類大型建築物，如貨倉、會堂等作聚會之用。部分大城市如迦太基、亞歷山太和安提阿等，且有面積相當寬大的禮堂，可容納數以百計信徒聚會。然而這些聚會場所全都外觀平淡，樸實無華，跟後來4世紀後得政權資助興建的宏偉、華麗教堂之規模，相距甚遠！

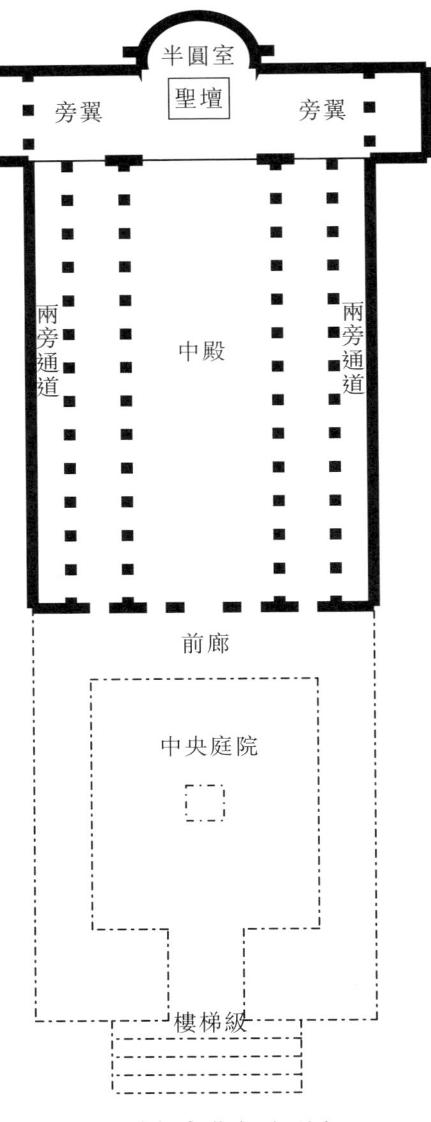

舊聖彼得大教堂平面圖

10.4.2. 莊嚴宏偉的教堂

公元313年「米蘭諭旨」後，皇帝君士坦丁將羅馬會堂式建築引進基督教，並撥巨款資助信徒羣體興建可容納數以千計會眾的新式教堂。最先按此模式建成的是羅馬的聖約翰大教堂和聖彼得大教堂，此後還有在聖地主耶穌降生和升天遺址上建築的紀念堂。這些教堂大多為長形設計，樓底甚高，中間有一個長長的中殿，兩側有多條由高柱排列而成的通道；中殿盡頭有一個半圓室，上有主教和眾長老的座位，並有一聖壇，供講道及禮儀之用；聖壇兩側有旁翼，可作詩班或特殊級別信徒的座位；另一端入口處還有寬闊的前廊和廣大的庭院。根據《使徒憲章》的提示，這時的聚會需要男女老少分類、分級而坐，輩分較低的且要站立在旁，新教堂的旁翼、前廊、庭院和兩旁通道，正好滿足此需求。這種建築模式後來被廣泛採用，成為中世紀和拜占庭時期教會建築的範本。

雖然羅馬政府大力資助興建、重建或擴建教堂，但4、5世紀各地有許多早前在磨難時期原用的舊式建築，仍在基督教羣體中廣被使用。此外，這時教會還有一種圓頂形的小型建築，這類教堂多建在聚會人數較少，但有特殊紀念價值的地方，在相信是主耶穌埋葬墓穴上建成的聖塚教堂，就是其中一例。這些圓頂教堂有不同形狀，四方、六邊、八角、圓形，各式其式。後期5、6世紀開始，有人將這種圓頂概念與當時通用的長形會堂式設計結合，由此而產生多種別具風格的教堂。東正教的教堂建築，許多均有此特色。

溫習及思考問題

1. 閱讀本章內容時，讀者有哪兩點需要留意的地方？

   a. ____________________

   b. ____________________

2. 初期教會在聚會時間上有何主要演變？演變的原因為何？

   主要演變：____________________

   ____

   演變原因：____________________

   ____

3. 初期教會在聚會的內容程序上有何演變趨勢？據你所知，這些演變在後期的教會歷史裏，有何主要的發展？

   演變趨勢：____________________

   ____

   後期發展：____________________

   ____

4. 昔日和今日的水禮有何主要分別？你認為正確的水禮施行模式應當怎樣？

   主要分別：____________________

   ____

   正確模式：____________________

   ____

5. 昔日和今日的聖餐有何主要分別？你認為正確的聖餐施行模式應當怎樣？

主要分別：______________________________

____

正確模式：______________________________

____

6. 教會年曆的產生有何好處與壞處？你贊成教會應採用教會年曆嗎？為甚麼？

年曆好處：______________________________

年曆壞處：______________________________

是否贊成：______________________________

解釋原因：______________________________

7. 請填寫下表空格部分，以比較各時代教會建築的演變。

	使徒時期	磨難時期	安穩時期
選用地點		改建的私人大屋	
可容人數	10～20人		
建築特色	多圍繞晚餐桌聚會	1. ______ 2. ______ 3. 旁有房間教導要理 4. ______	1. 長長中殿旁有通道 2. ______ 3. ______ 4. ______
其他聚會地方選擇	聖殿所羅門廊下		圓頂小教堂 圓頂及長形會堂結合

8. 整體而言，你認為初期教會的演變是好還是壞？為甚麼？

是好是壞？______________________________

解釋原因：______________________________

____

9. 常有人說要回復使徒時期教會的模式，你認同這立場嗎？初期教會的信仰生活模式與現代教會應有何關係？

進深閱讀書目

韋柏（Robert E. Webber）：「哈利路亞崇拜系列」。孫寶玲譯。陳康主編。共7冊。香港：香港浸信會神學院，2003～2004。

韋柏（Robert E. Webber）：《崇拜：認古識今》。何李芬譯。香港：宣道，2000。

Bradshaw, Paul F. *The Search for the Origins of Christian Worship*. 2nd edition. Oxford: Oxford University Press, 2002.

Senn, Frank C. *Christian Liturgy: Catholic and Evangelical*. Minneapolis: Fortress, 1997.

第四部分

現代反省與回應

第四部分

第四部分

教會歷史導論

推動教會歷史研習的策略

曾遇見不少教牧同工，特別曾修讀筆者課堂的，問我如何在堂會中有效推動教會歷史的研讀。確實，華人教會普遍歷史意識薄弱，要在堂會推動相關學習並不容易。在西方教會，兩約聖經、教會歷史、系統神學與教牧實踐同受關注，同得許多學者、教牧、領袖委身研究；惟在華人基督教圈子，教會歷史卻在眾學科中最常受到忽略，投身者也寥寥可數。究竟原因為何？以下是幾個最常見的問題。

一、偏差的信仰認知

宗教改革高舉「唯獨聖經」，意思是以聖經為信仰教義的最高權威，任何教會傳統、先賢領袖的教導，皆不能與聖經相違；惟在華人教會，這改教口號卻被誤解為只談論聖經，繼而經卷課程便成為教會信仰教導的惟一內容。結果，許多基督徒的信仰變得根基薄弱；只知解讀聖經，卻不知聖經如何形成；只講因信稱義，卻不明此教義的含義；遇上如《達文西密碼》(*The Da Vinci Code*) 和《猶大福音》(*Gospel of Judas*) 等挑戰時，便啞口無言。顯然，改教家單以聖經為權威，並不同於只認識聖經；前者高舉聖經，是出於對教會體制與信仰發展的深刻反省，後者則變成對聖經以外屬靈事物的無知。

二、薄弱的歷史知識

以色列人將舊約聖經分為律法、先知和聖卷三部分，先知又分前、後兩部，當中前先知包括約書亞記、士師記、撒母耳記和列王紀四卷歷史敘事。這編排顯示一個事實，就是上帝子民的往昔經歷，是神啟示的一部分，祂透過歷史教導選民認識祂的心意。基督徒同是神的選民，自然也可從歷史窺見神的作為，惟這向度卻一直備受忽略。在這背景下，莫説廣大信眾，就是教牧同工許多也對教會歷史一知半解。曾聽過有著名牧師表示，初期教父乃天主教人物，不應在教會提述，彷彿基督教歷史在使徒以後就直接跳到宗教改革似的。這種對教會真相的無知，實在令人惋惜。

三、即時的實踐訴求

除聖經教導外，現代華人教會最廣受歡迎的，是一些看似有即時實際效用的課程，如輔導技巧、牧養策略、教會增長等。教會歷史注重扎穩信仰根基，初學者難見即時效用，加上資料繁多，故容易產生抗拒、半途而廢。這情況就像學打功夫，卻不願操練扎馬；學彈鋼琴，卻抗拒沉悶練習。是的，喜愛即時見效是現代人常見的心態；然而，經過長期浸淫才能學有所成也是不變的道理。基督徒既追求獻上身心為活祭，難道不應投放時間精力，打好信仰基礎？今日，不少教會盲目追隨一些「成功」榜樣，卻屢試屢敗；歸根究柢，正是歷史基礎不穩、欠缺神學反思的惡果。

要在堂會中推動教會歷史的研習，就得針對這些問題，對症下藥。在開設相關課程前，傳道牧者先要自我裝備，豐富個人對教會歷史的認識。其次，正確教導宗教改革「唯獨聖經」的意思，糾正往昔只准講論聖經的謬誤。第三，在平常教導及講道中，適切引用相關歷史事例以為例證，或引述教會先賢的教導作為提醒，藉此提升會眾對歷史的興趣。

在開設教會歷史課程時，要顧及弟兄姊妹的程度和需要；切勿將神學院繁複的課程，未經消化就搬到堂會之中。筆者常獲邀到不同堂會講授教會歷史，有一堂過的專題，有二、三堂的系列，也有六堂、八堂或十多堂的課程；在設計內容時，一般都會以提升興趣、勉勵繼續追求為目標。以多堂的課程為例，筆者第一堂會講論是次學習的功用與價值，確切解釋基督徒認識教會歷史的深重意義。然後會用二、三堂巡覽二千年基督教歷史的主要輪廓，特別提示重大事件如改教運動的革新精神，對今日教會的提醒。最後會以主題研討方式，講論如聖經形成、教義確立、屬靈追求、敬拜模式等不同課題，幫助學員直接體會教會歷史研讀，對深化信仰生活、啟迪更新方向的作用。這種史實理解與現況反思同步並行的設計，反應普遍相當良好，讀者不妨參考。

使徒開創時期
多元文化處境的信仰反思

基督宗教誕生於多元文化的處境，猶太的宗教律法、羅馬的政治體制和希臘的哲學思想，皆為塑造基督信仰形態和教會體制發展的重要外力。基督宗教的核心在於對耶穌事件的認信，惟當如何合理地詮釋？如何有效地傳講？這便成為早期教會的重大挑戰，也是許多教內爭議的深層緣由。今日華人教會雖有聖經作為信仰依據，有往昔傳統作為行事參考，惟在多元的次文化、次處境，不同立場的爭議、不同羣體的角力，依然時有發生。就如早年加爾文派與亞米紐斯派的抗爭，福音派與靈恩派的分歧，以及近年處理同志運動和佔領行動的不同取向，都提醒我們多元文化處境的存在，而教會要學習妥善處理差異，在合一中共同見證福音。在協調多元文化的衝突上，使徒開創時期基督教會的處理手法的榜樣，至少可給我們下列四方面提醒。

一、交流對話、加強認識

雖然耶穌基督的經世作為，未必完全與猶太傳統宗教及希臘哲學思想配合，但使徒卻準確掌握來自不同文化的肢體的核心關注，針對性地加以回應，盡力為福音給予最適切的詮釋。今日華人教會中，不同肢體也各有不同關注：有關心堂會增長，有重視社會見證；有高舉愛心關懷，有追求社會公義；有強調正確教義，有提倡投入委身。本質上，這些關注彼此並不矛盾，可共融並存。當然，就某些特殊議題，取態亦可相當分歧。惟不幸地，現代不少教內爭議，相關肢體許多時都只局限於本身之關注，各自表述，甚少真誠地交流對話，結果引來許多不必要的誤解、撕裂與不和。當緊記聖經要求教會合一，而不是統一；對某些議題立場分歧，並不一定等如對方離經叛道。

二、適時反省神學解釋

耶穌事件是門徒的親身經歷，卻與當時的猶太律法和希臘哲學，有難以相容之處；惟經過神學反思，使徒卻曉得：對講求律法的猶太人，強調耶穌是律法和先知中的彌賽亞預言的實現；對追求智慧的希臘人，則指出十架上的救贖乃超越世人的屬神智慧。哥尼流等外邦人領受聖靈，本與彼得猶太背景的信仰不符；惟經歷事件後，彼得卻能調整個人的神學思維，在耶路撒冷大會上作出得救本於耶穌恩典的宣告，解決外邦人是否要守律法的爭議。華人教會普遍強調傳統規範，不重視神學反思，結果容易與時代脱節，未能敏於回應變遷。對不少華人基督徒來說，調整神學立場乃大逆不道之事；然而，若果彼得不肯反思，教會能接納外邦人嗎？要知道神會藉歷史彰顯祂的心意，給予教會適時的提醒。

三、堅守核心信仰教義

在神學反思的過程中，早期教會也面對許多掙扎，有過分持守猶太傳統而衍生的律法主義，有從希臘哲學演變而成的幻影主義和諾斯底主義，惟這一切偏異思想最終都被否定。過程中，使徒親身見證的耶穌事件，是他們堅守不棄的核心信仰。使徒保羅在雅典傳道，嘗試以「未識之神」引入福音，用哲學詞彙解釋上帝作為，惟最後仍堅持宣告神藉死人復活帶來拯救。他雖知道這教義會帶來譏誚，但仍忠心傳講。在神學建構上，現代教會常出現兩種極端：一是過於開放，結果連基督救恩、聖經權威也不顧；另一是過於保守，結果將個別肢體的意見變成權威，封閉地排拒一切異見。就神學反思而言，教會需妥善區分核心教義與次要立場，堅守前者無誤，包容後者分歧，避免本末倒置。

四、抱持謙卑開放心靈

在使徒和教父建構基督信仰的大綱時，他們會抱持開放態度，隨時準備領受新的屬天啟示。保羅自言曾上到第三層天聽取隱祕的言語，認許先知講道、智慧言語、方言禱告等等恩賜。約翰雖提醒信徒要試驗諸靈，但亦見證拔摩海島上所目睹的異象。觀乎二千多年的教會歷史，不容否認的事實是：

世人對神的認識不斷加增，卻未嘗窮盡；沒有任何時代、羣體或偉人，能表述整全的基督真理；今日被視為洞見的，他日又給補充修訂。回望現代許多教內爭議，問題關鍵往往是雙方都不自覺地視自己為真理的化身，道不同者的就自然判為錯謬；未察覺各有道理、互相補足的可能。以保羅教會的身體這比喻為例，若果作眼的自以為絕對，指斥其他肢體缺乏視力，卻不肯謙卑開放，要求全身都變成眼，那教會這身體將會如何？

磨難增長時期

高壓不義政權的應對態度

初期教會遭暴君尼祿誣告後，隨即成為羅馬帝國逼迫的無辜對象。他們被無理判罪，遭殘酷迫害。然而，雖然面對艱苦逆境，教會此時仍藉著堅守信仰保持純潔，透過生命見證贏得讚賞。今天，身處不少地區的教會，均受到不同程度的政治壓制，有對傳道加以規限，有禁止興建教堂，有施加不平等待遇；惟受迫害程度，甚少超越初期教會的。希望從初期教會歷史尋求社會改革指引的當代基督徒，也許會對教父們的表現和言訓感到失望；他們沒有推翻政權的思維，也沒有推動社會運動的意圖。然而，細心對照古時和今日基督徒的信仰追求，也有不少值得我們反思的地方。當中至少包括以下四點。

一、基督是主或跟隨世俗

早期信徒以基督為最高主宰，他們為順服基督、忠於信仰，寧願遭受逼迫，甚至受刑殉道，也不肯妥協。在近代一些黑暗時期，例如中國的文化大革命，也曾聽聞不少堅守信仰、為主犧牲的見證。然而，反觀今日在一些安逸的教會中，隨波逐流的基督徒，隨處可見；信徒的生活行為，經常與聖經明確的教導背道而馳。莫說為信仰而忍受逼迫，就是為神放棄一些個人利益或享樂，對部分基督徒來說，也不是易事。再仔細分析，這又有三種情況：第一是缺乏能力，既知又想，卻無力實踐；第二是缺乏意向，知而不想為；第三是缺乏認知，以為自己所作所為已夠正確，甚至自覺是在替天行道，卻未察覺本身立場並非絕對，甚或有部分已偏離真道。究竟違背聖經的原因為何？如何避免？需要時刻細心分辨。

二、君權神授或人為產生

初期教會雖面對逼迫，但仍抱持君權神授的觀念，相信神是歷史的主宰；不論善良或邪惡，慈仁或暴戾，君王和長官得掌政權，皆有神的心意或容許。因此，他們對執政者抱敬重的心，敬重他們如同順服主。面對賞善罰惡、秉公行義的君王，他們故然甘心服從；即使政權腐敗、多行不義，他們也相信神有其心意，或要教會在黑暗中見證真光，或要信徒在苦難中經受試煉。不論遭遇環境如何惡劣，他們都甘於承受；只求活出美好見證，討神喜悅。相比之下，一些現代基督徒對君權神授的態度相當冷淡；政權的獲取，彷彿只是人為結果，神在歷史中掌管只流於口號，少有反思神何故容讓如此政體掌權。在努力爭取社會公義的同時，也許亦應思索神容許有關政權掌權的心意。

三、禱求神助或靠憑己力

在君權神授的信念下，早期教父相信神掌管歷史、興起政權；面對難於承擔的壓迫與苦楚，又或遇見極大的社會不公，他們也首先禱告，祈求神親自動工，仰望祂公義的審判。他們相信君王既是神所選立，至少也獲祂授權，允許其執政，故此順服神就得順服君王；未得神允許而擅自抗命，就是不接受祂的主權。有關對抗或推翻不義政權，歷來教會先賢多有討論，也有許多不同論點；有主張武力推翻不義，也有堅持用和平手段改革抗爭，而雙方立場各有理據，也各自在華人教會內得到支持；早期教父對政權尊敬順服的態度，顯然並非往後所有基督徒皆認同的取向。然而，不論和平或武力抗爭，也當緊記神才是歷史的主宰；禱告尋求祂的心意，謙卑祈求祂的幫助與審判，亦必須與抗爭的行動同步並行。

四、改革今天或末世得贖

早期教父無懼地上苦楚，甘心尊重和順服壓迫他們的政權，其中一個主要原因，是他們視地上生活為寄居客旅的人生，真正永恆長久的是將來天國的生活。他們相信現世社會終會過去，因此不會花太多精力去推動改革，只求順服神在歷史中的主權，仰望祂的安排和引領。初期教父反映了他們所秉持的一種注重屬天永恆、輕看屬地現世的觀念。在往昔的神學研究裏，末世觀很多時受到忽略，彷彿它只是將來久未圓現的盼望，與現世無關。然而，當代神學家如莫特曼(Jürgen Moltmann)等正指出，將來的盼望會深深影響信徒今日的行為表現，因此，在基督信仰當中，末世論絕非位處神學邊緣的，相反它是神學重要的一環。教父們輕視現世的表現，正提醒我們要認真思考末世的真實，不可輕忽。

安穩落定時期

君士坦丁主義的評估再思

政教關係是近年華人教會廣泛關注的議題，面對台灣的太陽花學運及香港的佔領行動，教會得思索如何適切地作出回應。在政教倫理方面，近代其中一位代表人物，是神學家約翰．尤達（John Howard Yoder）。尤達批評教會自君士坦丁皇帝開始，即變成倚杖政權勢力的國家教會，失去了對主耶穌的忠誠；他且判斷這種他稱為君士坦丁主義（Constantinianism）的政教觀，正是教會偏離真道、下滑墮落的開始。尤達對君士坦丁主義的嚴厲批判，於現代華人基督教界有相當支持，但也有一定反對；當中爭論的要點頗為繁複，非這短文所能妥善剖析。惟就著尤達的生平和理論，筆者嘗試提出下列幾方面的反省，盼與現代教會一同細心再思。

一、歷史掌握與信念主張

尤達所提出有關和平主義者的政教立場，雖日見普及，惟他們所提出有關「君士坦丁主義」的表述，在學界卻一直備受質疑。尤達及其跟隨者所關注的，無疑是政治倫理的神學詮釋；惟論證時，他們卻經常引據君士坦丁或以後的宗教政策和教會轉變，彷彿論點甚有「史實」根據。然而，歷史中的君士坦丁是否真實如此？萊泰赫（Peter J. Leithart）於2010年出版的《維護君士坦丁》（*Defending Constantine*），有學者譽之為近代對君士坦丁生平最詳盡的研究。書中對尤達有關君士坦丁史實的理解，提出嚴峻的批判，指出雖然君士坦丁確實偏好基督宗教，但他只倡議宗教自由，給予教會合法地位，並沒有如尤達所說，將基督教立為國教。對他暴力壓迫異教，將教會收為政府部門，又主導教會議決這等描述，學界認為都與史實不符。正確的信念主張，能否以偏差的歷史敍述作為支持？弊端顯然易見。錯誤的歷史證據不單使原初的論據失效，更令人質疑相關信念主張的可靠性。故此，要借往昔歷史來印證理論立場，就當準確掌握史實，否則會弄巧反拙。

二、倫理洞見與個人生命

尤達高舉基督為主的倫理充滿洞見，追隨他政教觀的著名學者、教會領袖眾多，就是前述批評他史實掌握錯謬的萊泰赫，也認同尤達的見解確能妥善解釋西方政教關係長久以來的問題。然而，這倫理上的洞見，卻因尤達本人行為上的過失而蒙上污點。上世紀70至80年代，尤達曾以研究一種嶄新的基督教性倫理學説為名，與逾百女性發生性行為，藉以探討婚外情等課題；1992年美國報章首次公開報導這事件，惟當事羣體一直未有妥善處理。直到2015年3月，美國信洗派(Anabaptists)門諾聖經神學院——尤達曾於其前身的神學院任教——才首次公開向逾百位受性侵害的女士致歉，承認他們所受的痛苦與創傷，並表明接受責任。身為倫理學者的尤達，不負責任地持續性侵害婦女，不期然令人懷疑他倫理思想的可信性。事實上，醜聞曝光後，不少探討尤達倫理學缺點的研究相繼出現：有批評他關注社會公義，卻忽略個人德行；有推斷門諾會高舉順服，變相鼓勵受害者默默承受創傷，才會使問題持續不解。信仰教導必須配合生命見證，才能令人信服。

三、優越立場與包容分歧

尤達的倫理學説確實有其洞見，也深具聖經基礎，對處理當代政教議題，也能為我們提供適切的解答；然而，問題的處理是否只有一個？就以香港教會對佔領行動的回應為例，有些教會以順服在上掌權者為依據，倡議在不違反聖經前提下盡量配合施政，以改善民生；有以爭取社會公義為口號，鼓吹向被視為不義的政權，施加壓力，予以抵制或進行公民抗命，即使違反法律，使用暴力也在所不惜；也有以政教分離為原則，主張以忠心見證基督為召命，抗拒任何向政權妥協的選擇，同時堅守合符信仰的行為表現，縱然政權多行不義，也堅持以和平非暴力的手段去爭取權益。究竟哪個立場較佳？除對現況的分析外，這也涉及對基督信仰的不同理解，甚難一致。事實上，這正反映基督徒羣體的統一與多元：就像一個球隊，有人蒙召作前鋒，有作中場，也有作後衞；若果全部都當前鋒，球隊會怎樣？教會信眾各有不同領受，也許可理解為神這位教練給各球員的不同位置，因此，我們應當爭取的，不是要求人人都在同一崗位，而是如何在差異中合一配搭。

宣教擴展

順逆社會環境的宣教對比

初期教會在羅馬帝國努力宣教，擴大發展空間。期間曾經歷嚴酷逼迫，要在逆境中掙扎求存，冒險傳道見證；又曾經歷政權偏好優待，在順境中興盛擴展，大量羣眾歸化加入。今日，基督教會在不同時代、不同地域，也面對著不同境遇；有些身處伊斯蘭世界或共產主義國家，傳道受到規限，面對諸般不平等的待遇；有些活躍於西方國家，人民自少受基督教文化薰陶，資源人才皆異常豐富；當然也有不少像台灣、香港等「中性」的自由地區，基督宗教雖屬小眾，卻可無拘無束地傳道聚會。教會推動傳道宣教，在順境和逆境中有甚麼需要注意的呢？逆境和順境的遭遇各有何優劣？

一、逆境中的宣教

教會處身壓制甚或敵視基督教的地區，傳道和聚會難免有諸多不便。例如於中國內地，在公眾地方傳揚福音會被視為犯法，信徒也必須在指定場所之內聚會；馬來西亞的宗教法規定，馬來裔民眾一出生即為穆斯林，他們沒有放棄信仰的自由，向他們傳福音也屬非法；埃及政府過去也曾限制基督徒興建教堂的權利，規定只有基督徒人口超過10萬的地區，才有資格興建教堂，致使不少偏遠地區的信徒無處聚會。

利處：逆境往往令信徒羣體更加自強，信仰更加堅固，也更曉得變通。例如在中國內地，政治的逼迫使信徒羣體更倚靠主，活出更多美好見證吸引人歸信，結果，即使在文化大革命這等艱難的困境中，基督徒人數依然穩步增長；埃及的東正教羣體，在興建教堂的無理規限下，改為在洞穴中開挖聚會地方，至現今最大的洞穴教堂竟能容納數千人。

弊處：當然，受壓制的社會環境始終不利福音傳播。初期教會於受壓時期雖仍穩步增長，但增長速度明顯不及君士坦丁以後的安穩時期；同樣，馬禮遜1807年來華初年，滿清政府實施閉關政策，福音無法有效傳開，三十多年間歸主的中國人寥寥可數；1842年簽定南京條約後，五口開放通商，宣教士可自由傳道，信主人數自此明顯上升。

注意：不利的政治環境有時也非毫無益處。例如馬來西亞對馬拉民族信奉伊斯蘭教的強硬政策，使不少當地華人對伊斯蘭教心生反感，這種「不利」的環境某程度上反而對華人信主有利。因此，教會身處逆境中，除堅守信仰，活出美好見證外，還要找尋適切的傳福音機會。更重要的是對神持守信心——教會歷史見證著，暴政終必過去，基督的教會卻依然屹立。

二、順境中的宣教

雖然在許多高舉宗教自由的國家或地區，教會並沒有受到特別優待，然而，由於基督教乃西方傳統信仰，許多文化習俗均直接或間接受其影響。此外，在一些以基督宗教為國教的地區，教會更擁有令人羨慕的特權。例如回歸前的香港，由於受以聖公會為國教的英國管治，教會擁有頗多特權；例如可以一元購地用來興建教堂；申辦社會服務或學校可獲優先考慮；除政府婚姻註冊處外，教會也是惟一獲法例認可的婚禮場地。

利處：利好的政治環境，無疑對福音傳播甚為有益，教會發展不單不會受到不合理的限制，且在許多層面推動著羣眾加入教會。在羅馬帝國，君士坦丁歸信後，國民紛紛皈依，使教會人數激增；在近代中國，對基督宗教抱持不友善態度的滿清政府被推翻後，深受西方精神影響的國民政府執政，影響西方文化至巨的基督教亦由此成為文明的象徵，國人紛紛歸主加入教會。

弊處：安逸順境容易使人腐化，失去為主犧牲的心志；教會得政權偏好，也容易失去對社會不義的獨立批判精神；此外，「不公平」的特權也容易成為他人嫉妒和攻擊的理據。例如基督教自由傳道和興建教堂的權利，多次被列在不平等條約中，在中國共產黨的宣傳下，這便成了西方帝國主義藉基督信仰侵華的證據，致使基督教傳教事業蒙上污點。

注意：上述的弊處正是教會在順境中必須小心避免的陷阱。華人教會的常見現象是：成為中產教會後，便對社會貧窮苦難漠不關心，失去為主作鹽作光的品格；基督徒變得世俗化，不願為信仰犧牲付出。此外，當政權偏好教會，教會最好為公平公義而放棄使用那些特權，並與廣大羣眾同甘共苦，惟此才能得著人心，榮耀主耶穌基督。

屬靈傳統

基督教歷代屬靈傳統今釋

「淺薄」是這個後現代空虛世界的禍因。事事尋求即時滿足和果效，只顧短暫利益，不理國家、世界的長遠福祉。近代靈修學大師傅士德(Richard J. Foster)指出：「今天最迫切的需要不是要有大量聰明能幹的人，或者大有恩賜的人，乃是有深度的人。古典的靈性生命的操練號召我們越過表面的生活進入深處，邀請我們去探索屬靈境界的內在洞府，催促我們要作這個空虛世界的答案。」不幸的是，自宗教改革強調唯獨聖經以來，基督新教一直輕視宗教傳統；華人教會既缺乏西方文化的歷史淵源，對古典屬靈傳統的認識就更顯貧乏。按其強調重點，歷代眾多的屬靈追求可歸納為以下七類；而這些傳統雖各有特色，但絕不彼此排斥，許多時都會平行並存，互相補足。

一、捨己屬靈傳統

根據耶穌基督背十架跟隨主的呼籲，初期教會普遍認同要為信仰有所付出。在羅馬帝國政權的逼迫下，為主殉道逐漸成為早期基督徒信仰的最高表達，初期教父認為殉道是救恩的勇敢表白。時至今日，為信仰捨己的犧牲行動，仍在教會羣體中獲得高度稱揚，例如德蘭修女對貧病者的無私服事、香港為拯救病人而殉職的謝婉雯醫生，她們得到教會高度評價，某程度上也是這種捨己屬靈傳統的表達。

二、默觀屬靈傳統

強調安靜默觀的屬靈追求。此傳統一直在修道生活中給實踐著：沙漠教父如安東尼等經常享受默觀的喜樂，後期中世紀的佳蘭(Clare of Assisi)、十架約翰(John of the Cross)，以至近代的梅頓(Thomas Merton)及盧雲(Henri Nouwen)，均依從這傳統。雖然在默觀傳統上，基督新教不及天主教修道傳統般豐富，但亦非完全缺席，例如許多教牧所推動的靈修和退修實踐，可以說是默觀生活的現代都市化版本。

三、聖禮屬靈傳統

聖禮屬後期發展出來的觀念。最早正視聖禮功效的是俄利根，他指出接受水禮就是與基督同死、同埋葬、同復活；奧古斯丁直言聖禮「雖然是以可見的形式慶祝，但必須以不可見的角度理解。」聖禮觀在中世紀被強化，時至今日，天主教和東正教仍將聖禮放在其信仰的核心位置。雖然基督新教較重視聖道，但聖禮的效用並未全遭否定；水禮和聖餐的屬靈功效，仍在許多宗派(如信義宗和改革宗)之中，獲得肯定。

四、聖道屬靈傳統

在主的大使命的催促下，初期教會積極傳道；使徒保羅的宣教事迹，且成為教會信眾的榜樣。然而，隨著基督教在羅馬帝國獲得肯定，大量異教徒隨君王的偏好而歸信，教會傳道動力銳減。直到宗教改革主張「唯獨聖經」，聖道才重獲重視。18、19世紀英美的大復興和隨之而生的普世宣教運動，皆著重宣揚神道。今日，許多華人教會仍以講壇為崇拜的中心，以教導真理為事奉的關鍵，以傳福音為教會最主要的使命。

五、聖潔屬靈傳統

基督教會一直提倡品德高尚的聖潔生活。雖然在初期教會中，「聖潔」不及捨己和默觀般受到推崇，但亦有不少修士拼死堅持。宗教改革後，聖潔屬靈傳統得到較大的發展，信洗派和清教徒均強調要有美好的生活見證；約翰·衛斯理(John Wesley)帶動的循道運動帶有強烈的聖潔味道。聖潔明顯亦是現今華人教會經常談論的追求，只是強調程度不及二、三百年前屬靈復興之時而已。

六、正義屬靈傳統

強調社會整體的公義和人民的需要。無疑，照顧孤寡老弱是聖經的教導，初期教會亦不乏關愛施贈的行動；然而，因著教會初期受壓的逆境，及後期與當政者的緊密連繫，對社會正義的呼聲，始終較弱。正義屬靈傳統可說要到18、19世紀才有較全面的發展，救世軍的卜維廉（William Booth）和黑人民權領袖馬丁．路德．金（Martin Luther King, Jr.）都是近代正義傳統的典範。在華人教會中，正義傳統一直都較為「低調」，直到近年才逐漸受到重視。

七、靈恩屬靈傳統

追求屬靈恩賜是一個古老的現象，使徒保羅在哥林多前書亦曾探討這問題，而4、5世紀的沙漠修士亦每每有許多神蹟奇事伴隨。隨著教階制度的確立，靈恩領袖的角色漸漸被邊緣化。靈恩傳統到20世紀初經歷柏含（Charles Parham）和西默（William J. Seymour）等人的推動，才真正受到重視；80年代溫約翰（John Wimber）和魏格納（Peter Wagner）引發靈恩第三波，追求屬靈恩賜的浪潮遍及全球，華人教會亦深受影響。

對一個屬靈傳統的取捨，很在乎當時代的文化處境、社會的意識形態和羣眾的實際需求。回顧過去二千年的教會歷史，不同屬靈傳統各有起伏，它們各自因應其獨特處境，在其旺興的時代和受愛戴的羣體中發揮作用。從以上討論可見，基督教的屬靈傳統雖說源遠流長，但其中絕大部分均不是陳年舊事；相反，它們至今仍以不同方式持續發揮影響力。身處後現代多元主義的處境，教會需要的，不是尋求一套能放諸四海而皆準的屬靈傳統，而是要發揮各種現有傳統的優點，將之當代化、處境化、適切化，好能面對不同羣眾的需要，深化基督教信仰對現社會的影響力，培育更多有深度的屬靈人。

神學教義

古代異端羣體的現代版本

初期教會異端眾多，類別繁多；對素來少接觸教會歷史的讀者來說，難免會感到混亂困惑。事實上，本書所列出的只包含早期異端的很小部分；3世紀初，教父希坡律陀(Hippolytus)所寫的《反所有異端》，就列出異端32個；4世紀末教父伊皮法紐(Epiphanius)的《藥庫》，更列出異端達80個。這些異端，部分只短暫出現，部分則持續數個世紀，當中包含的不少偏異問題，更直到今時今日仍以類近方式持續著。

一、強調持守律法

早期教會強調持守舊約律法的有伊便尼主義和艾克賽主義。新約教會則普遍認為，許多猶太教徒堅守的規條，已在耶穌基督身上得著滿足或轉化，因此不少舊約條文基督徒均無須遵守。然而，現代也有一些基督宗教羣體堅持要謹守律法規條，創始於1844年的基督復臨安息日會(Seventh-day Adventists)便是當中典型例子。此教派堅守十誡，包括從週五日落到週六日落守安息日；規定什一以外的餘額才算自由奉獻；在身體乃聖靈的殿的信念下，信徒不得吸煙飲酒，就是咖啡等有損健康的飲食也給勸止。

二、聖經外有啟示

昔日有諾斯底主義等，於源自使徒的聖經以外，繼續追求屬天的啟示和靈智，並由此衍生許多3、4世紀的偽經；1954年在埃及南部發現的「拿戈瑪第文庫」(Nag Hammadi Library)，就藏有53份與諾斯底主義關係密切的文獻，如《馬利亞福音》、《多馬福音》、《腓力福音》、《約翰藏經》、《彼得啟示錄》和《彼得與十二使徒行傳》等。今日也有一些異端，在新舊約聖經以外，隨意加添他們自視為屬神啟示的書卷；創立於1830年的耶穌基督後期聖徒教會(俗稱「摩門教」)便是一例，他們添加了《摩門經》、《教義和聖經》及《無價珍珠》作為信仰權威。

三、父子靈三時期

在三一神論方面出亂子的異端很多，除嗣子論和形相論外，孟他努主義也是其中之一。孟他努主義相信，父、子、靈是三個歷史管治時期，神的啟示，由舊約漸進至新約，並於聖靈時期達至完全；孟他努自許為聖靈的代言人，因此其預言比主耶穌更權威。無獨有偶，1990年起源於中國河南的全能神教會(又稱「東方閃電」)，也聲稱神有三個經營時期；當中「耶和華」代表律法時代，「耶穌」代表恩典時代，最末則是國度時代；在國度時代裏，神的靈降臨在該教的女基督身上，因此她的話語擁有無上權威，可隨意加添或修改聖經的教導。

四、貶低聖子神性

4世紀的亞流主義，認為聖子是從無被造，祂曾經不存在；因著聖子只是受造物，本質與父不同，所以不能完全認識父。此亞流爭議引起教內極大紛爭，經歷325年的尼西亞會議仍未平息，要直到381年的君士坦丁堡會議才最終解決，將亞流主義判為異端。然而，相類思想依然持續，源起於1884年的耶和華見證人，正是其中典型例子；他們不接受三位一體，相信耶穌只是神最先創造的靈體，原來住在天上，後來藉聖靈(就是神的能力)從天上轉移到馬利亞腹中，降世為人；在他們眼中，耶穌只是次等神，絕非真神。

五、信心外要行為

在救贖方面，初期教會要面對伯拉糾主義和半伯拉糾主義的挑戰。他們強調，除信心以外，得救還需要有相應的行為表現及努力行善積功。宗教改革提倡唯獨信心、唯獨恩典，善功在救贖中的必需性遭到否定；然而時至今日，仍有如國際基督教會等，延續這種善功的追求。國際基督教會源起於麥堅(Kip McKean)於1979年創立的歷斯頓基督教會，他們自許為從宗教冷淡、屬靈謬誤的人中被呼召出來的羣體，由於立場激進，很快便與主流教會劃清界線；在救恩論方面，他們堅持，除信心以外，獲得赦罪還需要滿足順服、悔改和受浸等條件。

六、篡改聖經解釋

早期教會的眾多異端，絕大部分都有一個共同問題，就是隨意竄改對聖經的解釋。例如馬吉安主義將舊約和新約的神二分，認為前者苛刻暴虐，後者配受敬愛，可卻漠視了連繫兩者的經文；涅斯多留主義則將有關耶穌的經文，擅自分為神格和人格兩部分，大能事迹歸為神格工作，軟弱需要則屬人格表現，可卻忽視了兩性的合一。同樣，近代也有許多羣體以私意篡改聖經解釋。例如西方一些新派學者，就在抗拒神蹟的心態下，強解聖經相關的描述，視之為神話；洪秀全領導的太平天國，亦胡亂推斷，認為有天父必有天媽，他們只著重舊約的聖戰，卻忽略新約強調的仁愛。

觀乎二千年的基督教歷史，異端或極端思想從未間斷。教會必須妥善地為正統信仰劃定界線，並給廣大信眾適切的真理教導，以抗拒迷惑。對今日許多基督徒來說，神學研究予人相當虛無飄渺之感；然而，深入的神學反思，實際上正是建立整全信仰教義、避免思想偏異的重要途徑，此乃華人教會當認真學習和操練的。

正統權威

聖經、信經與教會的角色

基督教的信仰基礎，自然是耶穌基督的經世作為與真理教導。然而，由於主並未留下任何著作，故曾追隨祂之使徒的見證，便成為教會正統權威的依歸。在教會歷史中，兩約聖經、信經傳統和教會中央，皆被視為權威，然而三者各自的角色應當為何？羅馬公教與基督新教各有不同定義。

一、羅馬公教與基督新教對權威的取向

羅馬公教的取向：在羅馬公教眼中，信經傳統包括歷代教會的信經和教廷的諭令，而教會中央是指以教宗為首的教階體制。他們認為聖經與傳統同為神的道，同是當受尊崇的信仰權威，兩者皆託付給教會，因此惟有教廷才有權加以詮釋。任何與教廷立場相違的信仰教導，皆可判為異端。此立場一直延續，於1965年舉行的梵蒂岡第二次會議中，羅馬公教仍堅持：「神聖的傳統、神聖的聖經和教會的教誨職能，三者互相連結，缺一不可。」顯然，對羅馬公教會來說，兩約聖經、信經傳統和教會中央同具權威；而由於惟獨教會中央有權詮釋前兩者，故真正權威實際乃在教廷手中。

基督新教的取向：羅馬教廷在中世紀漸漸變成腐敗霸權，曲解聖經真理並封殺批判指正的聲音。改教家因深深體會到羅馬教廷中央集權的弊病，以及逐步偏差之傳統的不可信，遂提出「唯獨聖經」的信念。他們強調神的道只應包括使徒和先知流傳下來的聖經，往昔諭令和教父見證這等傳統，不論如何寶貴，均不能與聖經並排。至於聖經解釋方面，改教家提倡以經解經的釋經方法，他們相信聖經是廣大信眾可以明白理解的，只要靠著聖靈在內心的見證和個人的邏輯思維，並依據時代背景和上文下理來細心閱讀聖經，就能

對當中的信仰和生活教導有所掌握。

羅馬公教與基督新教的其中一個主要分別，就在於信仰權威的問題。羅馬公教雖強調聖經、信經和教會三者同為權威，但真正的實權乃在教會手中，聖經和信經的解釋和應用全在於教廷。而基督新教則將聖經和教會的地位倒轉，強調教會不能判斷聖經，卻要為聖經所判斷，並堅持聖經是一切教義的標準和量度。然而，在接納基督新教高舉聖經立場的同時，也有一些歷史現實是基督徒必須留意的。

二、基督新教徒必須留意的歷史現實

聖經：新舊約各卷聖經雖具權威，而改教家如加爾文（John Calvin）等亦聲稱其權威乃來自啟示的神；然而，若忠實面對歷史，即不難發現教會羣體與信經傳統對聖經確立的重要意義。當年對聖經正典的判辨，存在不少爭議，有些書卷如彼得後書、約翰三書、猶大書等，其正典性一直存疑；又有些如今被列為次經的典籍，當年一直被視為權威；最終哪些書卷可列為正典？當年教會羣體的篩選和抉擇，無疑關係重大。此外，教會成立初年，異端眾多，不少亦以聖經為權威，若果經文的理解無須教會羣體的共識，沒有以信經傳統作為指引，其偏差錯謬可以非常嚴重。

信經：無可否認，信經傳統並非直接神所默示，其權威也在乎它如實反映聖經教導，並得到教會羣體的認證。然而，現代不少基督新教羣體卻走向另一極端，在高舉聖經之餘，完全漠視傳統；他們錯誤理解改教家「唯獨聖經」的信念，以為此乃指只認識、只教導聖經，卻不知改教家雖高舉唯獨聖經，卻同時熟悉和尊重傳統。在教會歷史中，許多艱苦得來而與聖經吻合的教義，如三位一體和基督神人二性等，改教家皆堅信不移；一些通用的信經，如《使徒信經》和《尼西亞信經》，亦為他們所認信。改教家強調唯獨聖經，焦點是以聖經為最高權威，卻非全不參考傳統。

教會：基督教會雖以聖經為權威，以信經的教義標準；惟最初篩選正典書卷、製訂信經信條的，依然是教會羣體。故此，教會羣體的共同體認，對信仰權威的確立起關鍵作用。然而，必須留意的是，初期教會對聖經正典和信仰教義所以能達成共識，是經過各地教會領袖的協商探討；反觀羅馬教廷霸權式的領導，實存在強烈的政治鬥爭與扭曲史實的問題，與初期教會五大主教長並列的協議不符，絕非原初的模式。同時，在信仰體會分歧的情況下，教會須妥善判辨核心和次要的教義；核心教義必須統一堅持，次要教義則可包容分歧，以共同建立多元而合一的信仰羣體為目標。

教會體制
回歸使徒制度的理據評估

經常聽聞有教內領袖提倡要回歸使徒時期的教會模式，他們聲稱使徒領導的教會是完美的典範，後世教會應當跟隨。為此，有領袖反對按立牧師，聲言在聖經中這名稱只屬恩賜，並非固定職分，並提倡教會應只設立長老和執事。又有教派根據新約安提阿教會、腓立比教會、哥林多教會等名稱，堅持一地方應只有一教會，反對宗派制度，並指斥這是分裂教會。20世紀初，中國尚有稱為「耶穌家庭」的信徒羣體，他們依照使徒行傳「信的人都在一處，凡物公用」(徒二44) 的榜樣，實行同村式集體聚居，並賣出各自的田產家業，將所有財富物品公用分享。究竟使徒時期的教會模式，是否後世教會皆當仿效的模範？初期教會隨環境變遷而逐步邁向制度化，是否就是離經叛道？以下筆者嘗試從三個向度作出分析與回應。

一、聖經使徒教會是模範？

有關使徒時期教會羣體的情況，究竟是理想教會的標準模範，還是只屬特殊時地、特殊文化、特殊處境的歷史參考？現代學者普遍傾向後者。無可否認，在使徒的領導下，初期教會確實有許多美好的特質：各人凡物公用反映無私的分享，人人沒有缺乏顯示細心的關顧，天天恆切聚會表明對信仰的認真。然而，這一切特質也是基於他們對主快再來的誤判；及後知道主遲延未返，信徒便各自尋回田產家業，重歸故業，以維持日常生計。從雅各書可知，教會很快便出現重富輕貧的現象；此外，各地教會也問題重重，例如哥林多教會彼此分門結黨，以弗所教會離棄起初的愛心，老底嘉教會則對信仰不冷不熱；就是使徒匯聚的耶路撒冷大會 (徒十五4～29)，最末了關乎禁戒食血的議決，也可能只是猶太信徒和外邦信徒彼此妥協的成果，而並非絕對的標準。如此缺陷不足的教會，又豈能視作後世教會的榜樣典範！

二、發展教會體制屬謬誤？

誠如本書所示，初期教會發展較整全的體制，乃為配合社會環境、聚會人數和實務運作，這是有其現實的確切需要的。倘若堅持採用使徒時期各地獨立的教會模式，當使徒相繼離世，誰來就教會間的分歧作出仲裁？論到主教的產生，主教原初只是眾長老的領袖，近乎今日的執事會主席；倘若眾長老各自獨立，沒有制度，誰負責召開和領導會議？最初的長老和執事都是由使徒按立，然而當使徒時代過去，教會當如何選立各級繼任的領袖？這一切在在表明，建立健全的教會體制是必然的轉向；特別在君士坦丁以後，教會得到政權擁抱，人數大增，這種體制更是必需。正因早期選立聖職的規則尚未完善，結果不同地區皆出現了或多或少的爭議。同樣，早期亦有教會堅持使徒行傳七個執事的數目規限，結果發現當信眾人數增加，事奉者無法有效應對龐大的服事需要；即使加添許多輔助性的職務，也無可避免地妨礙教會的有效運作和發展。

三、回復使徒教會真可能？

使徒教會的模式，有其時代背境和環境特質，要在今天回復使徒教會的模樣，在實際執行上存在不少困難和爭議。就以凡物公用為例，在現今的社會裏，莫説信徒難於維持日常生計，就是奉獻支持教會運作也感到困難，更不消説要凡物公用了。至於「牧師」這稱號，就像天主教的「神父」一樣，早已成為華人社會對基督教聖職人員的通稱，強行改用「長老」，反而容易令外界感到混淆困惑。在宗教改革時期，加爾文曾提倡仿效早期教會，每主日聚集同守聖餐，結果也因實際運作困難而無法實行，只能每月一次。此外，對於「一地方一教會」的觀念，不容忽略的是，使徒時期各城教會都還在雛形階段，人數普遍只有數十，自然不會在同一城市內出現多處聚會點。而且古時城市面積細小，一般也只有居民約10萬，實無法與今日數百萬人居住的大城市相比。聲稱接納一地方一教會的羣體，為配合大城市的需要，都在大城市建立多個「聚會處」呢！他們反對宗派制度，自身卻無形中變成另一宗派；與傳統宗派相比，只是各自所用的名稱不同而已，但其體制架構依然十分相似。回歸使徒時期的教會模式這一觀念，不但誤解了使徒教會的角色，忽略初期教會逐步演進的實際需要，且不能與現代社會和教會的環境共融。是否真的要「回歸」才算合宜？值得商榷。

信仰生活

教堂裝飾設計的理念原則

二千年來，基督教會一直重視教堂的設計與裝飾。即使在初期教會受逼迫時期，羅馬城外地下墓穴內的教堂還是滿佈壁畫。位處一些相對安全的地區的，如杜拉歐羅普斯的家居教堂，和迦帕多家(Cappadocia)的石中教堂，更是滿室宗教圖像，間格匀稱合用。基督宗教於4世紀開始獲國家政權擁抱接納，從此教堂設計日見輝煌；彩花玻璃、馬賽克砌圖、精緻雕刻、名貴聖器，大量湧現，也有羅馬式、拜占庭式、哥特式、巴洛克式等不同建築風格。雖然宗教改革家對教堂裝飾的應用存在分歧，當時甚至有極端改革者衝入教堂大肆破壞，但主流領袖如馬丁．路德(Martin Luther)、加爾文和諾克斯(John Knox)等，皆對教堂裝飾和擺設的功用抱持正面和肯定的態度。總括而言，在往昔歷史裏，教堂設計對基督教會有下列幾項主要功能。

一、信仰教導

除宣講和文字外，圖像壁畫和雕刻擺設亦是傳達宗教信息的有效媒介。許多時，視覺藝術比抽象語言更能深印人心。在信徒多不識字的初期和中世紀教會裏，教堂設計在信仰教導上的角色更顯重要。

二、神學表達

羅馬公教聖俗二分，聖壇與會眾席之間必以欄杆隔離；信義宗強調基督救恩，十架前不容任何阻隔；浸信會注重屬神話語，必將講壇放置正中。不論任何宗派，教堂設計往往是羣體神學信念的具體反映。

三、崇拜氣氛

踏足莊嚴宏偉的大教堂，肅然起敬的感覺往往會油然而生；在舒適雅緻的小教堂裏，卻又有一番心靈平靜的體會。合宜的教堂設計有助提升崇拜氣氛，雜亂庸俗的場所許多時則會消減宗教聚會的果效。

現代華人教會的常見問題，是在教堂設計上欠缺心思；結果不單影響崇拜氣氛，還有可能帶來偏差的信仰教導。舉一個典型例子，就是不少教會將詩班席背向十架，面對會眾，如此的空間設計與安排，難怪有詩班員會以為獻詩是為了幫助會眾頌唱，甚或以會眾為聽眾，而不知詩歌是呈獻給神的。對於傳統座堂式教會，教堂的裝飾設計普遍比較得體，崇拜環境也較為理想；然而，對不少樓宇式、服務式和學校式教會來說，落差則很大。有樓上教會的間格與家居住宅無異，崇拜四周雜物滿佈；有位處社會服務中心、中小學或幼稚園的教會，主日崇拜與平日活動的分別，只是前方中央加添一個講台。筆者常於中小型堂會服事，深明地方環境確實存在不少限制，然而於不同堂會講道時，也見過許多美好的設計安排。

若果堂會經濟能力許可，聚會場所又容許，作一點配合信仰與神學的裝修，則至為理想。筆者曾擔任顧問的樓上教會，裝修時就以「十架真光」為主題；電梯大堂採用樸素平實的設計，盼望提供一種令人心靈恬靜的氣氛；進到禮堂，所有張貼大櫃前的宣傳海報、消息通告，均被綢紗輕蓋，只有微光滲出，在呼喚信眾暫時放下世俗煩擾，專心敬拜。禮堂前頭於中央處設一古銅十字架，以強光照射，代表基督耶穌的臨在，散發光芒；禮堂前頭所有窗戶均貼上彩畫，合併成一幅由晨曦漸變至黃昏的境象，有光線從中央的古銅十字架向四方散射，在宣告基督真光晝夜照耀；古銅十字架前另置刻字玻璃，玻璃中央為多個方格組成的透明十字架，代表由個別信徒組成的基督身體，因十架大愛才得以成形；玻璃十字架兩旁刻有用希伯來文、希臘文、拉丁文、英文和中文寫成的約翰福音三章16節經文，彰顯主耶穌那拯救世人的犧牲大愛，乃古今不變。會眾席和詩班席皆朝向禮堂前中央的十字架，提醒信眾主耶穌才是敬拜頌讚的對象，信徒要來經歷祂的大愛，領受祂的真光。離開禮堂，大門旁掛上印有馬太福音五章14至16節經文的半透明大鏡，提醒信眾要藉良好見證，將所領受的基督大愛和真光帶給世人。

若果教會經濟能力不足，又或聚會場所乃租借回來，不能作大規模裝修改動，那麼花少許心思，其實亦能大大改善崇拜的環境。曾見過有堂會在禮堂側的窗戶貼上仿效彩花玻璃的透明膠膜，這不單有助信眾專心聚會，避免受窗外環境騷擾，且能一定程度上賦予禮堂古教堂那種莊嚴寧靜的氣氛，令人更投入敬拜。又見過有租用社區場地的堂會，預先訂製一批「易拉架」，架上均印有具基督教意義的圖畫，聚會時整齊放在禮堂兩旁，由此彷彿形成一堵新的牆垣，營造類似聖堂的氣氛。天花方面，也見過有堂會就簡單地用多張三角形的帆布，拉成仿似教堂尖頂的形狀，而當燈光在帆布後往下照射，不單光線變得柔和，且頗具向上敬拜的感覺。這些透明膠膜、易拉架和帆布均所費不多，且甚具彈性，是所有堂會均不難負擔的。只要多花一點心思，教會聚會環境便可有莫大改善呢！

中英對照索引

1. 人物

七劃

八劃

2. 主題、文獻、地方

九劃

十劃

神學及歷史通識叢書

聖言千載——聖經流傳的故事
Book of Thousands Year: Stories of Bible Transmission
蔡錦圖 著／HK$118

築樓蓋頂——中世紀教會縱橫談
Constructing the Church: Key Developments of the Medieval Church
吳國傑 著／HK$118

拆壁重修——宗教改革縱橫談
Rebuilding the Church
吳國傑 著／寫作中

覓地擴建——現代教會縱橫談
Expanding the Church
吳國傑 著／寫作中

歷史神學叢書

宗教改革運動思潮（增訂版）
Reformation Thought: An Introduction (Third Edition)
麥格夫 (Alister E. McGrath) 著／蔡錦圖、陳佐人 譯／HK$128

真貌重尋——教會歷史研究導引
Retracing the Past: A Guide to the Study of Church History
吳國傑 著／HK$88

中國基督教唯愛主義運動
The Potestant Pacifist Movement in China
姚西伊 著／HK$78

委曲求全——吳耀宗的生平與救國情懷
曾思瀚 著／吳瑩宜 譯／HK$58

聖經通識叢書　兼顧學術研究的精確和執著，並教會信徒生活上的實踐。

聖經鳥瞰
為您精簡而全面地展現聖經的本體與其來龍去脈

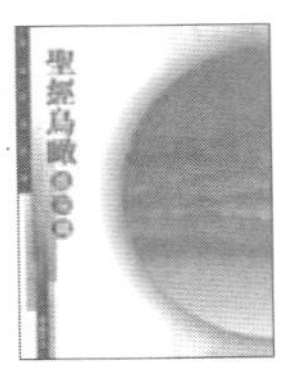

基礎篇 黃錫木 著／HK$93

進深篇 黃錫木 著／HK$68

聖經書卷要領
助您宏觀同類的聖經書卷

耶穌生平與福音書要領 孫寶玲、黃錫木 著／HK$88

使徒行傳與保羅書信要領 張達民、黃錫木 著／HK$88

希伯來書、大公書信與啟示錄要領 張略、黃錫木 著／HK$78

舊約先知書要領 黃嘉樑、梁國權、雷建華 著／HK$88

另有多冊陸續出版

聖經書卷析讀
助您進深分析個別聖經書卷的內容和信息

奔走風塵的僕人——馬可福音析讀
張略、黃錫木 著／HK$118

逆轉人生的上帝之子——路加福音析讀
孫寶玲 著／HK$108

道成為人的耶穌——約翰福音析讀
吳道宗 著／HK$88

風起雲湧的初代教會——使徒行傳析讀
張達民、黃錫木 著／HK$78

情理之間持信道——加拉太書、帖撒羅尼迦前後書析讀
張達民、郭漢成、黃錫木 著／HK$98

僕人領袖的教導與領導——提多書、提摩太前書析讀
曾思瀚 著／曾景恒 譯／HK$138

擁抱危機的事奉傳承——提摩太後書析讀
曾思瀚 著／曾景恒 譯／HK$98

同歸於一得基業——以弗所書析讀
郭漢成、劉聰賜 著／HK$128

在曠野中與上帝同行——民數記析讀
黃嘉樑 著／HK$158

剛強壯膽回應上帝的應許——約書亞記析讀
黃嘉樑 著／HK$163

背約沉淪的循環軌迹——士師記析讀
吳獻章 著／HK$128

愛的審判與生命的應許——耶利米書析讀
熊潤榮 著／HK$148

另有多冊陸續出版

其他出版 讓您多方、多向，更完整地研讀聖經

實用聖經地圖集 Bible Atlas（暫缺）

John Strange 原書主編／黃錫木 中文版主編／HK$118

憑祢恩言——實用基督徒生活手冊

郭鴻標、黃錫木 主編／HK$108

聖經通識手冊 羅慶才、黃錫木 主編／HK$188

聖經導讀卡 黃錫木 著／HK$88

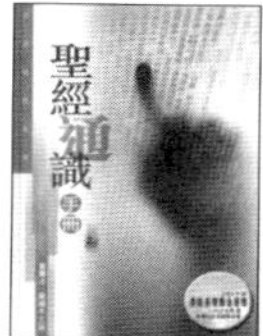

緊扣時代 服事教會

以文字傳揚基督真道

讀者意見表

衷心多謝你購買本社書籍。本社一直致力以出版事工服事教會，幫助信徒扎根於神的話語，促進靈命增長。為使我們的出版更能滿足你的需要，請填寫下列各項資料，並寄回或傳真予本社。

所購書籍：____________________

本書最吸引你的地方：

□作者　□適切性　□文筆　□設計　□實用性

□其他：____________________

購買本書地點：

□基道書樓　□基督教書店　□非基督教書店

性別：□男　□女　職業：____________________

信仰：□基督徒　□非基督徒

年齡：□ 16 歲或以下　□ 17～25 歲　□ 26～35 歲

□ 36～55 歲　□ 56 歲或以上

學歷：□中三或以下　□中五　□預科

□大學　□研究院

□我欲更多了解基道出版社的事工及考慮支持，請寄給我下列資料：

□機構簡介　□新書資料　□基道會員通訊

□《基道文字事工通訊》

姓名：____________________ 電話：____________________

地址：____________________

____

傳真：____________________ 電子郵件：____________________

其他意見：____________________

____

多謝賜教！

意見表可以傳真（2687-0281）或直接郵寄以下地址：
香港沙田火炭坳背灣街26號富騰工業中心1011室
基道出版社編輯部收